# 社会问题 40 问

## ——西方社会学面面观

乔晞华、张程 著

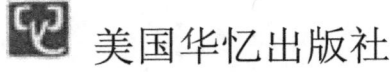
美国华忆出版社

书名： **社会问题 40 问——西方社会学面面观**
著者： 乔晞华、张程

出版： 美国华忆出版社 奥斯汀·得克萨斯州
Remembering Publishing, LLC
9600 S IH-35, C600
Austin, TX 78748
RememPub@gmail.com

版次： 2013 年 10 月第一版
2019 年 7 月第二版
字数： 125 千字
ISBN： 978-1-951135-00-3（平装本）
978-1-951135-01-0（电子本）
LCCN： 2019910540

作品内容受国际知识产权公约保护，版权所有，翻印必究

# 前言

马克思对资本主义制度深恶痛绝，深信共产主义将取代资本主义。与共产主义为敌的资本主义社会理应对马克思理论痛恨有加。令人大跌眼镜的是，马克思理论在西方社会学界大行其道。马克思著作是西方社会学学生的必读书。和谐理论遭到马克思的极力反对和痛批。这到底是怎么回事呢？

社会学是一门研究社会的科学。社会学正式成为独立学科的历史却并不长。从欧洲在大学里成立第一个社会学系至今不过一百多年。社会学研究的是社会问题，许多问题与普通百姓的生活密切相关。

本书以问答的形式，针对中国的实际情况，介绍西方社会学家是如何分析百姓们所关心的社会问题的。通过阅读本书，读者可以了解西方社会学理论的基本观点，分析事物的方法，学会理性地、辩证地理解和分析当前的社会问题，为解决这些问题做出自己的贡献。

为了使本书通俗易懂，我们在撰写过程中，尽量减少使用深奥的专业术语和说法。因此，有的地方可能会显得不够专业和严谨。

本书在撰写过程中得到了翟福军先生的支持、帮助和指导，在此表示衷心的感谢。本书的第一版于2013年由《人民日报出版社》出版，此次再版时作者对内容进行了部分修改，增加了曾被删去的内容，书名也做了相应的变化。

# 目录

人为什么会犯罪 ............................................. 1
死刑应该存在吗 ............................................. 18
为什么会有富国和穷国 ................................... 24
为什么会出现贫富差别 ................................... 33
教育是一种消费吗 .......................................... 38
为什么会看病难 ............................................. 45
世界人口会爆炸吗 .......................................... 50
城市人口会永远增长吗 ................................... 54
男女平等吗 .................................................... 59
女性在家庭中平等吗 ...................................... 64
如何理解老龄问题 .......................................... 70
青少年为什么会反叛 ...................................... 76
为什么人会分成等级 ...................................... 80
少数族群为什么受压迫 ................................... 87
宗教有什么作用 ............................................. 94
宗教会消失吗 ................................................ 98
人改变社会，还是社会改变人 ........................ 103
有普世价值观吗 ............................................. 107
人能听从良知的召唤吗 ................................... 114
垂帘干政有理论根据吗 ................................... 119

官僚制度利大于弊吗……………………126
中国模特在世界舞台上
能经久不衰吗……………………………131
同性恋的命运会如何呢…………………136
西方为什么没有无产阶级革命…………143
为什么会发生社会运动…………………149
如何定义文革……………………………158
为什么会发生骚乱………………………170
民众恐慌是如何产生的…………………177
为什么会有社会变革……………………182
世界上有几种经济模式…………………187
经济发展的方向是什么…………………193
为什么社会学……………………………198
社会发展的动力是什么…………………204
社会学有哪些重要的理论家……………214
社会学家是如何搞研究的………………220
答案………………………………………233
结束语……………………………………240

# 人为什么会犯罪

背景资料一：2010年3月23日7时许，曾在福建市南平某社区卫生服务站担任医生的郑民生，持刀在该市的南平实验小学大门口行凶，造成八死五伤的惨剧，伤亡人员均为无辜的南平实验小学学生。

背景资料二：2004年2月23日，云南大学学生公寓的两名同学感觉宿舍有异味，结果发现了宿舍内的四个储物柜内分别发现了四具男尸。公安机关通过调查确认四名死者是云南大学失踪的学生。杀人凶手是他们的同学马加爵。

以上所举的两个例子会使人们想到一个问题，这些罪犯为什么会做出如此残忍的事情。研究"人为什么会犯罪"的问题，目的是为了防止更多的人犯罪。然而，在人类的历史长河中，人们对这一问题的研究，直到18世纪才真正开始。在此以前，尽管世界各地有不同的法律惩治罪犯，但是很少有人对犯罪的根源和如何防止犯罪进行过系统的研究。

中国的夏、商、周时代，奉行"代天行罚"的理念。该理念与同时代的西方人的想法不谋而合。很长一段时间来，西方人认为，犯罪是由超自然的力量引起的。所以他们常采用决斗的办法解决刑事纠纷。谁决斗赢了，说明谁是对的。他们还通过"神裁法"决定是否有罪。所谓的神裁法是让嫌犯经历折磨和刑法。如果嫌犯熬过来了，那么证明嫌犯无罪。这为酷刑提供了正当的理由。所以在古代，无论在中国还是在西方，酷刑相当普遍。

古代的罪与罚不相对应，常常出现"轻罪重罚"的现象。偷东西被剁去手脚显然处罚过重。中国最残酷的刑法是剐刑，活人硬是被一刀一刀地剐肉最后痛死。西方也曾有过剜人内脏的酷刑。这样的刑法更多的是为了报复，而不是为了阻止犯罪。

十八世纪，西方进入启蒙时期，人类进入了一个理性和崇尚逻辑的时代。哲学上的发展，使早期的犯罪学家提出了比较理性的观念，这就是"罪罚相应"和"罚为防"的观念。惩罚是为了防止今后的犯罪，不是为了报复，所以惩罚必须与所犯的罪行相当。正是由于有了这样的基础，人们才开始认真地研究起"人为什么会犯罪"的问题。

我们先来介绍一下著名的"美国铁条事件"。盖奇是一名修筑铁路的工头。在一次事故中，一根铁条穿透了他的脑子，他的左前脑受到了严重的损伤。幸运的是，盖奇九死一生、大难不死。奇怪的是，这次事故彻底改变了他的性格和脾气。他的亲朋好友发现，他与事故前判若两人。这一事件证明了，人的大脑的各个部分有明确的分工和不同的作用。

该事件为19世纪中期新兴的一门学科"颅相学"提供了绝好的证明。颅相学提出，人的不同行为受到大脑不同部位的控制。如果好斗性的部分过度发展，一个人容易犯罪。大脑的某个部位过度发展，会在头颅骨的某个部位凸出。通过查看头颅骨的凹凸不平，可以发现一个人是否有犯罪倾向。换句话说，如果一个人的行为与众不同，他的大脑一定与众不同。

真正把颅相学与犯罪学联系在一起的，是被称为犯罪学之父的一位意大利人。[1]有一天，他正在检查一位臭名昭著的杀人犯的头颅。他发现这一头颅与猿人很相像。一个独具匠心的想法在他心中形成了。他认为该头颅体现了罪犯的本质，这名罪犯是原始人的返祖现象。虽然他生在现代，但是他的一切仍生活在原始社会中，所以他会像原始人和食人族那样残酷地杀人。

这位专家开始用更多的事实来证明他的观点。他检查了关在监狱里的罪犯的头颅，发现三分之一的罪犯拥有"天生罪犯"的特征。他发现天生的罪犯有以下的特征，头颅骨厚、下巴突出、额头低而倾斜、耳朵大、头发密而卷、下巴胡须稀少。他推理说，罪犯的这些特征，未开化的野蛮人也有，野蛮人处于人类进化的前期，所以罪犯是未得到进化的野蛮人。

---

[1] 切萨雷·隆布罗索（Cesare Lombroso 1836—1909），意大利犯罪学家、精神病学家、犯罪人类学创始人。

西方人干什么事都讲究证据，按行话来说，就是相信"实证主义"。尽管这位专家提出了以上的观点，听起来有一定的道理，可是缺少有力的证据来支持他的学说。不少研究人员开始沿着这位专家指明的方向，开始了他们的研究，试图用数据证明他的观点。

曾有人对3,500对双胞胎进行研究，发现如果单卵双胞的其中一人犯罪，另外一人犯罪的可能是52%，如果双卵双胞的其中一人犯罪，另外一人犯罪的可能是22%。单卵双胞比双卵双胞遗传上更相近一些，我们可以说，犯罪率的差别可能与遗传有关。

我们常讲"有其父，必有其子"，可是子与父相似到底是遗传的结果，还是后天的教育，不是那么容易分清的。为了排除后天教育的影响，有人做了一个试验。他们对领养家庭的男孩子进行观察，结果发现犯罪率如下：

| 养父是否是罪犯 | 生父是否是罪犯 | |
|---|---|---|
| | 非 | 是 |
| 非 | 13.5% | 20.0% |
| 是 | 14.7% | 24.5% |

如果我们竖着看这一表格，可以发现，养父是否是罪犯对儿子的影响似乎不太大。如果生父不是罪犯，养父是否是罪犯对儿子犯罪的影响分别是13.5%和14.7%，仅相差一个百分点。如果生父是罪犯，养父是否是罪犯对儿子的犯罪率的影响是20.0%和24.5%，相差也不算大，只有不到五个百分点。

可是，当我们横着看时，生父的影响就比较明显了。如果养父不是罪犯，生父不是罪犯和生父是罪犯，儿子的犯罪率分别是 13.5% 和 20.0%，相差近七个百分点。如果养父是罪犯，生父不是罪犯和生父是罪犯，儿子的犯罪率分别是 14.7% 和 24.5%，相差近十个百分点。该项研究说明，生父对下一代的影响远比养父的影响大。这就证明遗传对子女是否犯罪有明显的作用。

有人还从基因上进行分析。人的性别取决于 23 对染色体中的最后一对。如果最后一对染色体是 XX，那么这个人是女的，如果是 XY，这个人是男的。如果是 XXY，这个人是男的，但是有某些女性的特征。如果是 XYY，那么这个人是"超男"。这里的"超男"与现在电视里讲的超男不是一回事。这里的超男应该叫做"超级男子"，有超强的男子性质。

有人对英国的一个监狱里的犯人进行研究，发现罪犯中这样的"超男"特别多。这是否是另一个证据，说明人的生理方面的某种特征，决定了人是否容易犯罪呢？这些研究说明，生理方面的某些因素与犯罪有一定的关系。那么这些研究有什么现实意义呢？

首先生物学上的研究可以为罪犯开脱一些罪责。既然人的犯罪与否和他的生理有关系，那么罪犯本人所负的责任应该减轻一些。这些人生来就容易成为罪犯，所以他们犯罪不完全是他们的过失。

美国已经发生过这样的案例。2006 年 10 月 16 日，沃德洛普的妻子带着他们的四个孩子来过周末。他和妻子之间的关系已经亮起了红灯。他一直在喝酒。当他的妻子要和她的朋友一同离开时，三人打了起来。沃德洛普朝妻子的朋友开了八枪，用尖物敲开了她的脑袋。他又拿起大砍刀，切断了妻子的手指，在她身上砍了数刀。

辩护律师请了专家对凶犯进行评估。专家发现凶犯携带有高危险版本的基因。专家说，他的基因构成加上他童年被虐待的经历，造成了他的暴力倾向。一个人无法选择自己基因，一个人也无法选择自己的童年是否遭受虐待。专家认为，凶犯行凶并不是预谋的，他受基因和童年经历的影响，情绪失控犯了罪，因此在量刑的时候应该考虑到这一点。陪审团接受了专家的看法，判决凶犯为非预谋故意杀人，法官判了他32年徒刑。这一结果为将来利用基因缺陷为由，减轻罪犯的罪行开了先河。

然而事物有两面性，该理论也为"种族优越论"提供了理论依据。当年希特勒用生物学和体质人类学证明日尔曼种族的优越。如果接受基因与犯罪相联系的观点，那么有犯罪基因的人和人种就会被认为是劣等人。这样就有可能重演残害某些人或某个种族的悲剧。

对于生物学解释犯罪问题的批判，使得一些研究人员把注意力转向了其他方向。巴甫洛夫的条件反射在心理学中占有很重要的位置。上世纪的六十年代起，心理学家试图用条件反射的原理来解释人的行为。心理学家首先问的问题是，为什么大多数人不犯罪。在很多情况下，犯罪不一定被抓到，大多数人不犯罪是出于良知。良知不仅告诉我们什么是错的，更重要的是会激起人们的内疚和负罪感。心理学家认为，良知是自动的条件反射，人在成长过程中，受到周围环境的教育，产生了自动的反应,这一教育的影响在很长一段时间内会起作用。但是，有的人却对教育反应迟钝，没有产生这样的条件反射。有的人对疼痛反应比较迟钝，自己感觉不到疼痛，对其他人的痛苦可能比较冷漠，会做出令别人痛苦的事却不以为然。

当一个人害怕或紧张时，心跳会加速、手心会出汗。通过测试手心的通电程度(即检查手心中是否有汗)，可以知道一个人是否紧张，这是测谎仪的基本原理。手心出汗的增多和用多长时间恢复正常因人而异，研究人员发现，大多数罪犯需要用较长的时间被激出手汗来，而一旦手心出汗需要比常人更长的时间恢复原状。心理学家认为，罪犯一般不容易被社会调教出来，因为他们对于社会给予的反馈反应比较迟钝。

二十世纪初，心理学家开始把一些罪犯称为"反社会性格症"患者。为了用事实来证明这些罪犯是一种病态，心理学家进行了研究，比较有名的一个研究是对524名问题少年进行的长达30年的追踪调查。这些少年在上世纪二十年代初被诊断为"问题少年"。研究者同时还将一批年龄、人种、智商和家庭背景相似的少年作为对照组，进行比较分析。结果发现，"问题少年"长大后，犯罪和坐牢的时间比对照组要多。而且少年时期有问题的，到了成年问题也相对多一些。少年时期有六个或六个以上"反社会性格症状"的人，30年以后，33%的人被诊断为"反社会症状"患者，而一般的"问题少年"，30年之后，有22%的人被诊断为"反社会症状"患者，对照组的人则更少只有3%。"反社会症状"包括说谎、偷窃、离家出走、逃学等等。

心理学家认为，一个人的行为是某种内在精神状况的表现形式，他们把这一表现形式叫做"个性"。[①]为了准确地测量个性，心理学家建立了"明尼苏达个性测试表"。[②]该测试表共有556个问题，分别测试个性的10个方面。1978年，有两位研究人员对240名男姓罪犯进行调查。这些罪犯没有精神上的毛病，研究人员得出结论，这些罪犯的犯罪原因在于，他们的内心世界不受外界环境的影响，造成他们犯罪的心理始于他们的童年。研究者甚至进而称他们为"罪犯儿"。

神经心理学家进而追踪大脑的损坏、缺陷或失灵对人是否犯罪的影响。2011年初，有一位美国教授公布了他的研究发现：6个月大的婴儿或许可以从脑波测试看出，小孩子长大后会不会成为罪犯。如果脑袋中运作情绪、罪恶感、恐惧感的区域出现异常，长大后成为罪犯的几率大大升高。

心理学和生理学理论从两个方面对犯罪进行探索，试图回答"罪犯和平常人有什么不同"和"为什么有这些不同"。心理学和生理学侧重个人的特征，试图找到罪犯有哪些共同的特征，分析罪犯自身内在的犯罪原因。

他们的观点受到了批判。尽管数据显示，有一定比例的天生的"问题少年"和"问题成人"犯了罪，但是大多数的天生的"问题少年"和"问题成人"并没有犯罪。33%的天生罪犯犯了罪，并不能证明心理学或生理学的理论的正确性，因为还有67%仍然是好人没有犯罪。

---

[①] 英文是 Personality，也有人译为"人格"。
[②] 英文是 Minnesota Multiphasic Personality Inventory，简称 MMPI。也有人译为"明尼苏达多相人格测试表"等。

心理学理论和生物学理论不能解释以下的事实：既然犯罪取决于人的个性，那么为什么15到20岁的人比30岁以上的人犯罪率要高呢？种种批判，使得研究人员变换角度，从其他角度去审视犯罪问题。

　　生物学和心理学的犯罪理论试图从罪犯身上去找原因。社会学家则从外部环境中找原因。社会学家认为，无论个人的个性、生理或心理有什么不同，总会有一些外部的原因导致人犯罪。有一点必须说明。社会学家认为外部环境导致人犯罪，与我们平时讲的嫌犯定罪是两码事。落实到具体某个罪犯，社会学家不会说，因为犯罪的原因来自于外部，所以此人应该定为无罪。美国的司法界以为社会学家对嫌犯的定罪会比常人宽容一些，所以检方会千方百计把社会学家排除在陪审团之外，其实这是一个误解。社会学家在研究犯罪时，强调外部环境的作用，但是在具体的犯罪个案中，并不一定会用外部环境的理由来为嫌犯开脱。

　　社会学家认为，个人的行为方式因人、因时、因地等众多的原因，会有很大的变化，很难事先预测，但是整个社会的行为方式却是相对稳定的，是可以预测的。即使有变化，变化也是相对缓慢的。我们举谋杀为例。我们很难预测何人在何时在何地因何原因杀何人，在一般情况下，杀人犯也不太可能一而再、再而三地杀人，很多杀人犯做一次案后就被抓获，不再有犯罪的机会。但是从整个社会的角度来看，一个国家、一个城市、一个地区的谋杀率却是相对稳定的。根据一项犯罪统计，中国历年来重罪被害率如下（每十万人中）：

| 年份 | 重罪被害率 |
|------|------------|
| 1988 | 10.4 |
| 1990 | 18.8 |
| 1995 | 18.2 |
| 1996 | 23.5 |
| 2000 | 12.9 |
| 2005 | 11.5 |
| 2007 | 11.5 |

在此二十年时间内，中国的重罪被害率始终在每十万人11左右徘徊。尽管在上世纪的九十年代出现过大幅度的增长，从本世纪开始，又出现了回落，接近二十年前的水平。所以社会学家认为，犯罪问题有一个超越个人因素的原因在起作用，他们把该因素归结为外部因素，或者叫社会因素。社会学家的理论有很多，下面是主要的几个理论派别。

十九世纪的欧洲和北美大陆，犯罪率还不算高。人们注意的重点是"越轨问题"。越轨行为是指违反社会规范的行为。越轨行为比犯罪的范畴更大一些，可以说"犯罪"是"越轨"的特例。一般人对越轨问题持否定态度，因为越轨行为对社会造成破坏作用，不仅有经济方面的损失，还会造成无辜民众的伤亡。但是"结构功能主义"理论却认为，社会没有一定的越轨就不成其社会。他们认为，越轨行为没有什么不正常，因为这些越轨行为是社会总体的一部份，它们有以下四个功能：

第一，越轨起着肯定社会规范的作用。任何社会都需要确定道德的界线，需要界定哪些行为是道德的，哪些行为是不道德的。当我们确定"自食其力"是道德的同时，我们也需要确定，偷窃是不道德的。因此当我们谴责偷窃行为时，自食其力的行为得到了肯定和加强，偷窃行为为我们确定道德标准提供了反面教材。

第二，对越轨行为采取的措施，更加明确地划定界线。把一部分人的行为定为越轨行为，等于告诉社会上的其他人，社会的道德规范的明确界线在哪儿。学校里对不遵守纪律的学生给予处分，划定了遵守纪律和不遵守纪律的界线，让学生们学会遵守纪律。

第三，对越轨行为采取措施会促进社会的团结。个别凶犯残忍地杀害儿童引起公愤，从某种意义上来说，该事件使得全社会在保护儿童问题上达到空前的团结。中国曾发生过几起影响较大的杀人案，结果引起社会公愤，喊杀声一片，体现了民们空前的团结。

第四，越轨行为还有积极的作用，即促进社会的改革。有些离经叛道的事情，未必是坏事。在大清时期，有人主张实行共和，在当时的条件下，这是越轨行为，是件离经叛道的事情，是犯法的，是要杀头的。这一主张却成了大清之后的社会规范，是合法的了。摇滚乐刚出来的时候，被保守的人们认为是离谱的事，可是现在成为年青人的最爱。

有的社会学家提出"社会压力理论"。从犯罪统计上看，穷人比较容易犯罪，这是为什么呢？社会学家试图从经济成功与合法手段达到成功之间的关系来解释犯罪问题。人人都有发财成为富人的梦想，但是社会的资源和机会有限，不可能满足大家的愿望。成功与合法手段之间的关系变得紧张了，所以这一理论也有人译为"紧张理论"。

面对这种压力和紧张的关系，人们会有五种表现。第一种是"顺从型"占大多数，属于遵纪守法类。第二种是"革新型"，为了实现成功，不惜采用非法的手段，如偷窃、抢劫、贪污。第三种是"仪式型"，比较传统宁可守住道德底线也不触犯法律，这样的人多半属于社会的中下层。他们没有更多的办法使自己富起来，又不愿做违法的事，所以比较贫穷。第四种人是"退缩型"，面对着成功与合法手段之间的困难，他们干脆选择退缩，放弃追求成功的努力，破罐子破摔，吸毒、酗酒、甚至行乞。第五种人是"反叛型"，他们与第四种人一样放弃追求，但是他们却组织起来，寻求改变社会、改变法律。

社会压力理论把研究的重点放在社会结构上，并不责备罪犯，而是将罪犯视为社会的正常部分，与其他人没有什么两样。该理论摒弃了"邪恶导致邪恶"的模式，认为最成功的企业家与最凶狠的罪犯同出一个来源，都是社会造成的。

"犯罪学习理论"认为，一个人在某种特定的情况下决定违法犯罪，是因为罪犯把特定的情况看作是一个机会，犯罪与其他行为一样是学来的。我们学说话，不仅仅学习发音，还要学会理解话语的意义，不仅学会如何说，而且学会为什么这样说。我们的发音和语句理解都是学来的，而不是天生的。在学习过程中，周围的人给了我们很大的影响，无形中成为我们的老师。

犯罪也是一样的道理。许多罪犯第一次犯罪时非常害怕，与我们第一次上台发言面对许多听众时的感觉差不多。在很多情况下，犯罪是团伙犯罪，身经百战的老牌罪犯起示范的作用。经过几次锻炼以后，新手成熟了成为老手。我们第一次发言紧张，周围的同事、老师和朋友会帮助我们克服心理障碍，甚至教我们一些方法，几次下来我们上台发言就不害怕了。虽然学习发言与学习犯罪在法律范畴中不能相提并论，但是学习过程是相同的。

该理论提醒人们，防止犯罪的重要途径之一是使没有前科的人（尤其是青少年）远离老牌的罪犯，以免学坏跟着犯罪。

发生犯罪事件，必须有两个条件：第一是事先有制定的法律；第二是有人违反了法律。以上提到的各种理论大多注重犯罪，或者注重哪类人会犯罪。与传统理论反其道而行之，"标签理论"研究社会在执行什么样的法律，研究法律的制定和执行。标签理论认为，世上没有什么事情生来是"对的"或"错的"，没有什么事情生来就是"合法的"和"不合法的"。犯法和不犯法都是相对的，完全依赖别人的看法。该理论对社会为什么制定某些法律提出了质疑，把司法机关称作为"道德工厂"。既然是工厂就要谋利，当然"利"不一定是金钱，"利"可以是比较抽象的东西，如把一部分人的道德观念强加在其他人的头上。

最有说服力的例子，是美国在上世纪二十年代到三十年代期间的禁酒时期。我们在《傲慢与偏差——66个有趣的社会问题》一书里，做了详细的论述。美国国会的一帮人在 1919 年定了个法,规定私自喝酒是犯罪行为。可是过了十多年,这帮人又定了个法,告诉大家可以喝酒了。"有罪"和"无罪"就像两张标签,被这帮国会老爷们贴上又揭下没个谱。标签理论认为,由于禁毒,可卡因和海洛因等毒品价格上涨,吸毒者不得不铤而走险,通过不正当的途径,找到钱来购买毒品。如果毒品很便宜,没有人会因为缺钱吸毒走上偷窃、抢劫犯罪的道路。标签理论对司法机构,对制定各类法律持怀疑态度。

与标签理论紧密相联的是"激进犯罪学理论"。[①]该理论探索的问题是,谁有权力来制定和执行法律?这些法律为谁服务?激进犯罪学理论矛头直指资本主义社会的根基,即生产力和生产关系。激进犯罪学理论对资本主义社会不抱任何希望,认为只有彻底改变社会,才能大幅度减少犯罪。激进犯罪学理论看到了资本社会中的不可调和的阶级矛盾。而法律是不可调和的阶级矛盾的产物。统治阶级通过立法,把挑战统治阶级的行为定为非法,从而使自己处于非常有利的地位。激进犯罪理论对谁犯了法和为什么犯罪不感兴趣,它更感兴趣的是谁制定了法和为什么制定这些法。

普通人以为,某种毒品被定为非法是因为该毒品对人体有害,实际情况未必如此。十九世纪八十年代后期,美国的西部地区通过了反鸦片法。鸦片在该地区存在多年,为什么百姓抽了多年鸦片一直相安无事,突然之间却变得非法了呢?中国的劳工被引进到美国的西部去修

---

① 该理论也叫做"马克思主义犯罪学理论"。请读者注意,这是西方社会学界流行的叫法。

铁路，中国人抽鸦片很普通。由于美国需要廉价的劳工，所以抽鸦片是合法。可是当铁路基本完工后，不再需要廉价的中国劳工了。此时美国的经济陷入了低潮，中国人开办了许多商号，与当地的美国白人竞争。出于这些原因，美国人通过了反鸦片法，旨在排挤中国劳工。

值得注意的是，反鸦片法并不完全禁止使用鸦片，该法只禁止抽吸鸦片。中国劳工大多抽吸鸦片，而美国白人更多地使用液体鸦片。同样是使用鸦片，却有着不同的待遇，这一双重标准突出地体现了激进犯罪学理论所强调的阶级斗争的根源。

以上关于犯罪问题的社会学观点，主要集中在社会的外部因素方面，没有注重个人的原因。根据这些理论，我们要做的是改革社会，而不是惩罚罪犯。例如，标签理论闭口不谈犯罪的个人原因，只是对社会和法律提出质疑。

从上世纪六十年代开始，一个比较保守的犯罪学理论——"社会控制理论"在美国逐渐形成，并占据了重要的地位。受心理学家的影响，该理论也提出了"为什么有的人不犯罪"的问题。人来到世上并不是天生就知道社会的种种规范，也不知道人应该遵守这些规范，如果社会不能及时地进行教育，小孩子长大后会惹事生非。

该理论与其他犯罪学理论不同的是，它认为对于大多数犯罪行为来说，世上有明确的是与非的界线，那些犯罪的人们清楚地知道他们所做的事是不对的。抢劫、偷窃、打人等行为，无论谁都会知道是错误的。人不犯罪是因为有社会的束缚，当这一束缚减弱或失效时，人就会违反社会规范就会犯罪。

社会的束缚可以分为四个方面，即"情感"、"认知"、"行为"和"信念"。"情感"主要指对父母的依恋、与同代龄人的关系和与学校的关系。这些关系如果比较密切，社会的束缚强一些，犯罪的可能少一些，孤僻的人比合群的人更容易犯罪。"认知"指的是人生目标和目前行为之间的关系，如果一个人有比较高的人生目标，违反规定和法律的可能少一些。一个有着崇高理想目标的人，不会去干鸡鸣狗盗的事情。"行为"指的是人平时的行为。一个人如果干正事的时间多，犯法的事就会少一些，如果一个人闲得无事可做，有可能干坏事。"信念"涉及信仰问题，如果一个人的脑子里面正常的信念少，满脑子歪门邪道，犯罪的可能自然大一些。总之，人类必须用社会控制的机制，通过运用社会的力量，对人们的行动实行制约和限制，使社会规范保持一致，从而维持社会秩序。

　　上世纪的七十年代中期，"日常活动理论"和"生活方式暴露理论"在美国的犯罪学界独树一帜。它们是"机会理论"的衍生理论，从受害人的角度来解释犯罪现象，研究人们的日常生活规律和生活方式是否会对受害人带来危险。如果夫妻俩是双职工，家里没有老人和孩子在家看家，他们家遭窃的可能性比家里有老人和小孩的要高。一个夜间时常出没酒吧和娱乐场所的人，比晚上总呆在家里的人，受害的可能性要高。这是因为受害者无形中给罪犯造成了机会。从几个西方国家（主要是美国）的犯罪数据中可以看出，年轻的、收入低的、少数族裔的男性更容易受到伤害。犯罪学家认为，不能说这些人生来就该比别人更容易受伤害，他们推断也许是这些人的生活方式和日常活动，导致这些人更多地暴露在罪犯面前，使得他们比别人更加容易成为罪犯的猎物。

对于人为什么会犯罪的问题，生物学家更多地从生理的角度分析，认为犯罪与生理特性有关；心理学家认为罪犯患反社会性格症；神经心理学家认为罪犯大脑有损坏或缺陷。社会学家从社会找原因，结构功能主义认为，犯罪和越轨行为对社会有好处，对社会起积极作用；社会压力理论认为，社会资源有限，成功与合法手段之间关系紧张产生犯罪；马克思的激进犯罪学理论和标签理论则对司法机构持质疑态度，统治阶级利用手中的权力，把挑战统治阶级的行为定为犯罪；日常活动理论和生活方式暴露理论则认为受害者给罪犯造成犯罪机会。

不同的理论都有一定的道理，谁是谁非呢？欲知正确答案，且看最后一章分解。

# 死刑应该存在吗

　　**背景资料一**：2010年10月20日深夜，大三学生药家鑫驾车撞人后，将伤者刺了八刀致其死亡。这一案件在中国引发争论和公愤。药家鑫后来以故意杀人罪被起诉，被判处死刑。

　　**背景资料二**：2000年4月1日深夜，来自江苏北部沭阳县的四名失业青年持刀杀害了屋主德国人普方及其妻儿一家四口人。四名凶手被判死刑而伏法。普方出事后，他的母亲从德国赶来，做出了一个让中国人觉得既陌生而又令人不可理解的决定。她写信给地方法院，表示不希望判四个年轻人死刑。她表示，德国没有死刑，她觉得他们的死不能改变现实。后来德国人成立了纪念普方的协会，专门帮助江苏贫困地区儿童的生活状况。

　　**背景资料三**：目前世界上有100多个国家或是完全或是部分地废除了死刑。仍然有死刑的国家有 58 个。中国是世界上判处死刑最多的一个国家。

中国的唐朝有过无死刑的年代，大约有十多年的时间。从 818 年到 1156 年的三百多年的时间里，日本也曾取消过死刑。人类为什么会有死刑呢？这一问题涉及诸多的问题。

首先是公正和公平的问题，也就是罪罚相当的问题。此类问题，用老百姓的话说，叫做"以牙还牙"，"一报还一报"，"一命抵一命"。罪犯杀了人，应该让他也尝尝死的滋味。持这种观点的人认为，杀人犯和强暴犯是恶棍和歹徒，该死。按照北大一个教授的观点，像药家鑫那样的人"长的就是典型的杀人犯的面孔"，这种人死有余辜。

围绕死刑的第二个问题是经济问题，死刑是否对社会合算、划得来。一个罪犯被判无期徒刑，国家得派人一天二十四小时地看守他，还得供他吃、供他喝、供他穿，如果罪犯生病了，还得出于人道主义的原则，为他找医生看病。在西方国家，罪犯是不参加劳动生产的，国家花纳税人的银子，白白养活这些在有些人眼里看起来是"人渣"的罪犯。所以有人认为，与其白白养着这些罪犯，不如处决了省心。这样做一来可以减少国家的经济负担，二来可以使社会减少一个祸害。

死刑还牵涉公众舆论。如果一个案件引起了公愤，不杀不足以平民愤，杀人犯想躲过死刑会有一定的难度。药家鑫的案子引起了中国百姓的强烈反响，网上更是杀声一片，连为他辩护的律师和一些专家也遭到人们的谴责，有的新闻报道被众人炮轰。有人说，"写这样报道的人该断子绝孙。"遇到这种情况，法律也得为民众的舆论让道。药家鑫杀人动机明确，犯罪事实清楚，所以判处死刑毫无悬念。

背景资料二和三体现了另一种观点。反对死刑的人认为，死刑应该慎用，人的脑袋不像韭菜，割了以后不能再生出来。万一判决有误，人被处死了，没有可能再复生了。杀错人的事情，无论在哪个国家都可能发生。

这里讲一个发生在美国的例子。1937年6月5日，19岁的美国青年齐默曼与其他几位青年被抓，罪名是谋杀。十个月以后，他被判处死刑。其他几个人被相继处死。幸运的是，在齐默曼被执行死刑的两小时前，州长饶了他一死，改判他为无期徒刑。他在监狱里又呆了23年，直至1962年出狱。后来发现当时的判决有误，1967年重新审判了他的案子。在被错抓三十年以后，他终于平反昭雪。如果齐默曼不是被州长赦免，他差一点冤死。

中国也发生过不少杀错人的冤案。1994年8月河北石家庄市的孔寨村发生了一起强奸杀人案。嫌疑人聂树斌于1995年4月被处决。近十年后，案情有了变化，真正的凶手是一个身负多宗命案的杀人惯犯。内蒙古自治区的呼和浩特市，1996年呼格吉勒图因涉嫌杀人被处决，2006年，真凶浮出水面。虽然真凶抓到了，被冤枉的无辜人却不能复生。冤案可以平反，家属可以得到经济上的补偿，冤案造成的伤痛却是无法愈合的。

赞成死刑的人认为，死刑有重要的"镇慑作用"，或者说是"杀一儆百"。由于有杀人偿命的政策，如果罪犯想杀人，他会三思而行，因为杀了人，自己也活不成了。反对死刑的人则认为，死刑并不比长期徒刑更有镇慑力，处死是一时的痛苦，而终身监禁或者服几十年徒刑，对于有些人来说可能比死刑更可怕。

关于镇慑作用的争论焦点集中在因果关系上。死刑是"因"，镇慑发挥作用从而减少谋杀事件是"果"。坚持死刑的人认为，死刑可以起到降低谋杀率的作用。反对死刑的人则认为，死刑未必有镇慑作用，谋杀率与死刑无关，死刑不能减少杀人事件。

西方的犯罪学家做过不少研究。他们对比两个地区，如果其他的情况相同，有死刑的地区与没有死刑的地区谋杀率相近，我们可以说死刑对谋杀率起不到镇慑的作用。如果谋杀率在无死刑的地区高于有死刑的地区，我们可以说死刑可以起到镇慑的威力，可以降低谋杀率。

可是说起来容易做起来难。难点在于"其他情况相同"这个条件上。我们举美国的情况来说明问题。有人将有死刑的州和没有死刑的州的谋杀率进行比较。如果有死刑的州的谋杀率比没有死刑的州的谋杀率低，我们可以说死刑对于防止谋杀有一定的作用。结果却使人大跌眼镜，有死刑的州的谋杀率反而比无死刑州的谋杀率要高。这一奇怪现象怎么解释呢？如果我们下结论说死刑引起谋杀，这样的结论肯定有悖常理。研究人员仔细分析了那些有死刑的州，发现它们大多是南方的州，美国南方的犯罪率比较高。到底是死刑导致高谋杀率，还是由于高谋杀率使得南方数州坚持死刑，就不得而知了。这个问题有点像"先有鸡，还是先有蛋"的问题，扯不清了。

研究因果关系是科学研究中的一个很常见的课题。如果发现甲乙两者之间有联系，我们可以用几种因果关系来解释。第一种情况是甲引起乙，第二种情况是乙引起甲，第三种情况是丙引起甲和乙，所以甲和乙看起来有联系，第四种情况是甲和乙互为因果，它们相互影响对方，同时又被对方所影响。

美国南方的犯罪率高与当地的传统和文化有关，南方人对暴力的容忍程度比其他地方高，他们对用暴力手段解决人与人之间的纷争比较容易接受，因此美国南方的暴力事件比较多。由于这一影响，南方的谋杀率高，支持死刑的人也多。从这个角度去分析，我们可以说由于美国的南方人比较倾向暴力，所以该地区的谋杀率较高，也由于这一倾向，该地区坚持执行死刑的政策。

因此如果做这方面的研究，要做到其他条件相同，比较死刑与谋杀率的关系，最理想的是同一个州，同一个地区，相同的人，相同的文化和传统，在有死刑的时候和没有死刑的时候，谋杀率的变化也许可以解开死刑与谋杀率之间关系的迷。巧的是，美国最高法院在1967年发出全国暂时停止执行死刑的命令。从这一年起到1977年的十年时间里，美国的死刑暂时没有了，这为研究死刑和谋杀率的关系提供了绝好的机会。

有位美国的社会学家对此进行了研究。他把相邻州的谋杀率进行比较。选择相邻的州是因为这些州的传统、文化、观念、政治、经济等情况比较接近，有可比性。这些州有的有死刑，有的没有死刑。对于没有死刑的州来说，最高法院的死刑暂缓令对谋杀率没有什么影响。例如罗得岛州一直没有死刑，在最高法院的暂缓令之前和之后都是如此。对于过去有死刑的州来说，情况就不同了。如果死刑对谋杀率没有影响，那么1967年美国最高法院的暂停死刑令应该对这些州的谋杀率没有什么影响。如果谋杀率升高了，说明死刑对谋杀可能有镇慑作用，因为暂缓了死刑，以前畏惧死刑的杀人犯不再害怕了，开始杀人了。

与罗得岛相邻的马萨诸塞州和康涅狄格州1967年以前是有死刑的，两个州在1967年之前和之后的谋杀率，在排除了总的上升趋势之后，没有根本性的变化。排除总的上升趋势是因为，三个州的谋杀率从历史上看呈上升趋势。支持死刑的人提出了不同意见，虽然美国有不少州有死刑，但是这些州真正判决死刑的案子并不多，虽然有死刑但是却并没有执行过，法律上的死刑形同虚设，所以不能起到镇慑作用。

有一位经济学家发表了文章，声称他找到了死刑有镇慑作用的证据。他研究了从1932年到1969年间死刑判决数量和谋杀案的数量，发现每年增加一个死刑判决，会减少七到八件谋杀案的产生。他的论点得到了支持死刑人士的热捧，也有专家对他的论点提出质疑，挑到了不少毛病。

那么死刑有没有镇慑威力，能不能起到降低谋杀率的作用呢？欲知正确答案，且看最后一章分解。

# 为什么会有富国和穷国

**背景资料一：** 根据联合国 2004 年的一项报告指出，世界各国人均 GDP 可以分为三类。如果用美元计算，第一类国家达到 24,806 美元，中等国家达到 4,269 美元，而第三类最穷的国家仅 1,184 美元。穷国和富国的贫富差距达到 21 倍。

**背景资料二：** 穷国和富国的贫富差距主要表现在两个方面。我们仍以美元来计算，占世界人口只有 13% 的富国享有 45% 的世界收入。这一类国家包括美国、日本、澳大利亚、德国、法国和英国等国，约有五亿人口。他们的人均收入达到 11,500 美元。另一方面，占世界人口 42% 的穷国却只有 9% 的世界收入。这一类国家包括印度、印度尼西亚和中国的农村地区。这些地区有二十一亿人口，人均年收入只有 1,000 美元。

背景资料三：非洲一直比较落后。在这片大陆上，每天有两万多人因极度的贫穷而死亡。其中，约 8,000 人死于疟疾，约 7,500 人死于艾滋病，约 5,000 人死于肺结核。非洲大陆约有 8,500,000 人营养不良。非洲人只有 51%读完小学。

以上的数据只是冰山的一角。从以上的数据我们可以看到，世界上国与国之间的贫富差距相当大，该现象促使人们探索造成国家之间贫富差别的原因。如果找到了造成贫富差距的原因，我们可以对症下药，着手解决这一困扰世界的难题。

"现代化理论"认为，世界上国与国之间的贫富差别，反映了各国之间的技术水平的差距，一个传统的、落后的国家可以在外界的帮助下，发展成为先进发达的现代化国家。该理论试图从落后国家的内部找到原因，发现社会内部的推动发展的因素，从而解释发展的进程。

现代化理论成形于上世纪的五十年代。当时，美国处于鼎盛时期，美国担心自己的富裕会招来第三世界国家敌意。在这种情况下，美国推出了一系列的理论、政策和措施为其辩护。现代化理论坚称，整个世界有史以来一直是贫穷的，直到近几百年前一直如此，贫穷是正常的，只是到了近期才有了变化，一部分国家先富了起来。那么如何解释这一现象呢？

十六世纪时，欧洲确实掠夺过其他地区，但是到了十八世纪和十九世纪，工业革命才真正改变了欧洲和美国，给这些地区的国家带来了巨大的财富。由于先进技术带来空前的生产力，这些地区的人民的生活水平普遍得到了提高，人们终于甩掉了贫困的帽子走向了富裕。第三世界国家由于缺乏先进技术，仍然处于人类有史以来的贫困的状况。

如果从各国的内部找原因，我们可以看到，欧洲国家的率先发达和其他国家的仍然落后与各个国家的思想体系不无关系。例如新教的思想对欧洲国家的工业发展起了不可估量的，积极的推动作用。新教（特别是卡尔文教）鼓励教徒拥有大量的财富，所以新教徒注意投资，积极发展企业，促进了早期的资本主义的发展。

反观其他国家，传统的思想禁锢人们的思想，对发展经济起了阻碍作用。中国的儒教重义轻利，反对"贤者与民并耕而食"，宣扬"万般皆下品，唯有读书高"的理念，有地位的中国先贤们一般是不参与经济生产的，尤其是商业。道教更加消极，只注重修道养生，完全依靠化缘来解决生存问题。佛教则注重来世，想的只是超越生死和苦迫最终成佛。深受儒教、道教和佛教影响的中国人，对经济生产的兴趣不大，社会精英们对生产和商业不屑一顾，人们普遍缺乏发展经济的动力，缺乏发展技术的兴趣。

现代化理论并不认为世界上的穷国家会永远穷下去，该理论坚信，由于科学技术的发展，所有的国家都会向工业化的富裕社会发展。这一发展可以分为以下四个阶段：

第一阶段是"传统阶段"。该阶段里的穷国受传统思想的影响，对先进技术有抵制情绪。我们可以举两个例子来说明。当照相技术刚进入中国时，人们对照相不理解甚至抵制。有人说，照相会把人的灵魂抓走，许多人不敢照相。在中国推行照相技术颇费功夫，更不用说发明该技术。英国人试图在中国推广火车，愚昧而又僵化的慈禧被火车震耳的声响吓得不轻。慈禧以火车的动静太大会破坏皇城的龙气为由，不准火车牵引大清皇家专列。清政府最后以"殊甚骇怪"为名，下令拆除了铁路。处在落后思想统治下的中国，想不落后都难。目前亚洲和非洲的不少贫穷国家仍处在这一阶段。

第二阶段是"经济起飞阶段"。随着传统势力的削弱，经济缓慢地发展起来，商业开始得到发展。由于这些发展，社会经历沉痛的变革，人与人之间的关系变得淡漠，具有悠久历史的道德观和价值观受到了强大的挑战，发达国家大约在十八到十九世纪经历了这个阶段。有些落后国家（如东南亚的越南、泰国和中国的改革开放初期）属于这一阶段。

第三阶段是"趋于技术成熟阶段"。处在该阶段的国家，开始注重提高人民的生活水平，民众尝到了新技术带来的甜头，进一步搞活经济，国家进入了良性循环。先进国家在十九世纪的中叶进入了这一阶段，中国在改革开放后的八十到九十年代进入了这一阶段，亚洲的四小龙在上世纪的六、七十年代，先于中国进入这一阶段。处在该阶段的国家，绝对贫困大幅度减少，但是也产生了许多问题，如大量农村人口涌入城市，使城市不堪重负，人与人之间的关系进一步淡化，以及由于生产力发展，带来的要求上层建筑改革的压力。处在这一阶段的国家，逐步实现政治改革，脱离传统的体制。

第四阶段是"高度的大消费阶段"。工业技术革命使大生产成为可能，而大生产依靠大消费，才能使广大民众的生活水平得到普遍的提高。美国的福特汽车由于大规模生产，成本大幅度降低，曾是奢侈品的私人汽车成为大众能够消费得起的商品，美国人民的生活水准得到了大幅度的提高。美国在上世纪初进入了这一阶段，中国的许多地方在本世纪初，也进入了这一阶段。

根据现代化理论的观点，富国在全球的经济发展中起到了非常重要的作用。富国不仅不是造成穷国贫穷的原因，相反可以缩小世界上富国和穷国的贫富差距。富国通过输出先进技术，帮助穷国控制人口的不正常的增长，使贫穷国家的经济得到发展。富国还输出农业技术，帮助穷国提高粮食产量，或者直接出口粮食帮助穷国解决粮食不足的问题。富国输出先进的工业技术，提高穷国的生产力，使得穷国能够跟上先进国家的发展步伐，并通过经济援助帮助穷国家发展或渡过难关。现代化理论在西方国家占了很重要的地位，影响了西方先进国家的外交政策。

该理论刚出笼就受到了前苏联为首的社会主义阵营的抨击。前苏联为首的社会主义阵营反驳说，第三世界国家在资本主义国家的压迫下，无法发展自己的经济。到了上世纪六十年代，西方的专家也开始批判现代化理论，对它横挑鼻子竖挑眼，提出一大堆它的不是来。其中最重要的批判是，现代化理论把穷国的落后和贫穷归咎于穷国自己。平心而论，西方的专家在研究问题时，还是比较理性和公正的，没有因为自己身处资本主义国家，就无原则地盲目地为自己的国家辩护。

与现代化理论针锋相对的是"依赖理论",出现于上世纪的七十年代,是对现代化理论的一种否定。依赖理论的核心内容是,穷国和落后国家的资源流向富国和先进国家,因此穷国更穷、富国更富。现在的世界是在该体系下富国剥削穷国。

现代化理论说,现在的富国过去也穷过,由于它们发展得早,所以现在富了。现在的穷国只要沿着富国发展的道路,同样也会富起来。但是依赖理论认为,现在的穷国并不像当年还没有发展起来的富国,它们的处境不一样。穷国在当今的世界经济中处于劣势,富国在当年并没有这样的困境。西欧和美国等富裕国家是依靠殖民扩张发家的,数百年前,这些早期的殖民者向外扩张,所到之处无不大肆掠夺,财富源源不断地流向这些国家。拉丁美洲、北美、非洲和亚洲的许多地区都是被掠夺的对象。虽然许多殖民地国家取得了政治上的独立,但是经济上仍然没有独立,它们与当年的殖民者有着千丝万缕的关系,这是一种新型的殖民关系。

美国的一位社会学家提出了"资本主义世界经济"分析模型,西方国家处于核心,殖民主义通过把原材料输入到西方,成就了工业革命,从而使西方国家成为富国,处于世界经济的中心。穷国则处在世界经济的边缘,为西方国家提供巨大的市场,同时又为西方先进国家提供廉价的劳动力,目前的世界经济对西方国家有利,穷国仍然受到富国的控制。

富国剥削穷国,通过的途径是把穷国的经济变成单一的外向型经济,例如拉美国家只生产咖啡和水果,有的国家只生产石油。这样一来,这些穷国只能廉价地向西方先进国家出口原材料，又高价从先进国家进口他们所需的工业产品。这种双重的剥削，使得穷国更穷、富国更富。由于依赖理论认为世界上穷国的贫穷是由富国造成的，因此富国有不可推卸的责任，应该采用各种方法来帮助穷国摆脱贫困。

但是，依赖理论有着无法解释的矛盾。按照依赖理论的说法，与西方国家联系越密切，穷国就会越穷，因为这些穷国受的剥削越厉害。穷国摆脱穷困的最好办法是远离西方国家少受剥削，走自己发展的道路。可是事实却证明了依赖理论的错误。当年的日本和亚洲四小龙，都是在与西方先进国家的密切交易中得到迅速的发展。最明显的例子莫过于中国。按照依赖理论，中国与美国做贸易，吃亏的肯定是中国，中国将在不平等的贸易中失去大量的自然资源，廉价的劳动力被剥削，中国将会比过去更加贫困。可是令人不可思议的是，中国的经济获得了举世瞩目的发展，GDP成为世界老二。不可一世的美国竟然欠了中国数万亿美元的债务，中国手中掌握着美国的大量债券，美国再也不能像以前那样趾高气扬、骄横跋扈。

依赖理论没有提出解决国与国之间贫富差别的具体方案。按照依赖理论的说法，穷国应该远离富国以免受到剥削，甚至将国内的跨国公司国有化，进而推翻世界的资本主义经济。可是到底用什么样的体制来取代资本主义经济呢？用前苏联的那套所谓的社会主义大家庭的经济体制肯定是不行的，因为在这个所谓的社会主义体制里，前苏联对东欧小兄弟的剥削比资本主义有过之而无不及。而且这个体制已经垮台了，说明不得人心、行不通。

近年来，有人提出了"智商论"的观点。他们把国家的平均智商与本国的贫富程度进行比较，发现那些平均智商高的国家，富裕的程度相应高一些，而平均智商低的国家，相对来说贫困一些。从个人的角度来看，该理论可能有点道理。一个人的智商高低，决定他的能力，从而决定他的收入。国家是由个人组成的，如果一个国家的个人都比较聪明，那么这个国家的平均收入也应该相对高一些，该国就会相对富裕一些。

提出这一观点的研究人员对世界上192个人口超过4万的国家和地区进行了研究，发现国家的平均智商与该国的富裕水平成正比。国家平均智商与许多指数相关，如成人教育程度、人均寿命、经济增长率、贫富差别指数、婴儿死亡率、腐败指数。例如，2000年香港的平均智商为107，人均收入27,490美元，挪威的平均智商为98，人均收入是36,690美元，美国的平均智商也是98，人均收入为36,120美元，刚果的平均智商为65，人均收入为700美元，塞拉里昂的平均智商为64，人均收入为500美元。从上面列举的几个例子可以看出，平均智商似乎与一个国家的人均收入有着密切的联系。

对该理论的评价贬褒不一。赞成它的人认为这是一个研究的新方向，今后的研究可以沿着这一方向进行，从而更深刻理解国与国之间的贫富差别。但是该理论也遭到批判，难道我们可以简单地用"穷国的人笨，富国的人聪明"来解释当今的国与国之间的贫富差别吗？退一万步讲，即使事实真的是这样，为什么穷国的人愚笨而富国的人聪明呢？是贫穷造成愚笨，还是愚笨造成贫穷，这个问题似乎有点像"先有鸡，还是先有蛋"的问题一样，是无法解答的。

现代化理论认为，国与国之间的贫富差别是由于技术发展不平衡引起的。基于马克思主义的依赖理论认为，富国是靠剥削穷国起家致富的，这是中国和许多穷国赞同的观点，穷国应该远离富国免遭剥削。智商论则认为，国民的智商与国家的发展有关系。

上面提到的理论似乎都有一些道理，究竟谁是谁非呢？欲知正确答案，且看最后一章分解。

# 为什么会出现贫富差别

背景资料一：中国的贫困标准是年收入低于或等于785元（农村人口低于或等于683元）。全国有2,000多万农村贫困者。在中国，大米价格一般在每公斤4元左右，猪肉价格一般在每公斤13元左右。中国的贫困者每年应该能买得起200公斤的大米或65公斤的猪肉。2006年中国城市20%最高收入为25,411元，20%最低收入为4,567元，最高是最低的5.6倍。农村20%最高收入为8,474元，20%最低收入为1,183元，最高是最低的7.2倍。人大期间有专家接受记者采访时说，2009年中国10%的富人占有80%的财富资源。富裕家庭和贫困家庭收入相差近40倍。

背景资料二：美国定义贫困标准是，2009年一个四口之家的年收入低于21,756美元。如果是单身一人，年收入在11,161美元以下的属于贫困人员。据估计，2009年美国有4,360万人口生活在贫困线以下，约占人口的14.3%。在美国，超市里1磅大米大约1美元（2磅约等于1公斤，如果买大袋的米可能更便宜些。）。美国超市里的猪肉的价格，每磅一般在3美元左右。当然，因地区、质量和品牌等因素，米和猪肉的价格相差很大。这里只是讲一般的情况。看起来美国人的生活标准要高一些，按四口之家计算，一个穷人平均每年能买得起2,700公斤的大米或约900公斤的猪肉。2010年，美国的20%的富人的收入占了全国的近一半，而15%的穷人的收入仅占了全国的3.4%。这一贫富差别比起过去有增无减。1915年的美国，1%的富人收入占了全国的18%，而今1%的富人收入占了全国的24%。

从以上的数据可以看出，无论是中国还是外国都存在贫富差别的问题。衡量和定义贫困有两种方法：一是绝对贫困；二是相对贫困。绝对贫困指的是贫困威胁到人的生存问题。与相对贫困比较，绝对贫困的问题更严重一些，涉及到人的生存。相对贫困指的是与其他人相比。中国人有"不患贫，患不均"的说法，如果大家都穷，只要不饿死人，社会还是可以稳定的，但是如果社会的财富不能比较均匀地分布悬殊太大，尽管不至于饿死人，仍会造成人们的心理不平衡，从而引起社会的不稳定。

如何解决贫穷问题取决于人们对造成贫困的原因的看法。社会学家是如何看待贫穷的原因的呢？第一种看法认为，贫穷是由穷人自己造成的。中国的网上有人总结造成贫穷的五大原因。首先是人的致富欲望不强烈；其次是人的潜意识中对金钱有错误认识，身边没有什么有钱人；第三是问错人、入错行、选错项目、用错人；最后一个原因是人的观念不超前、思想方法不对。还有人说，一个人的贫穷与会不会理财有关。坚持贫穷是由穷人自己造成的观点的人认为，社会对任何人是敞开大门的，只要一个人有能力、愿意努力，就有机会成为富人，不成为富人是因为这个人不愿意成为富人，或者是不努力成为富人。

美国有一位口无遮拦的社会学家坚称，许多穷人挤在都市中心地区，那些地方的文化阻碍了人们的成功。那些地方的人大多今朝有酒今朝醉，没有什么未来的目标。只有胸怀远大目标的人才会努力工作、生活节俭，使自己的社会地位不断上升。没有远大目标的人往往及时享乐，对自己的未来采取了不负责任的态度，所以他们的贫穷是咎由自取，怨不得别人。

还有一位社会学家根据对拉美国家的穷人进行调查，提出了"贫困文化"的说法。他发现，拉美国家的不少人甘心贫困、不思进取。这些穷人认为改变贫穷的努力没有什么用，一切试图改变贫困的想法和做法，是想了也白想、做了也白做。

有不少人同意以上看法。美国有近四分之一的人认为，穷人之所以穷是因为他们自身的原因。所以穷人要为自己的贫穷负责。

第二种看法则认为，穷人甘心贫困不是原因而是结果。穷人无力改变自己的命运，只好认命，不是穷人不想变富，不是穷人不做努力，而是社会不给他们机会。因此，该受到指责的是不公平的社会，而不是在水深火热之中的穷人，社会应该对部份人的贫困负责任。富裕和贫穷是由社会的财富分配不均造成的，坚持贫穷是由穷人自己造成的，无异于本末倒置，把责任推给了社会分配不公的受害者。无论哪个社会，并不是对其所有的成员给予相等的机会。

在美国尽管美国的黑人的待遇有了很大的改善，已经出现了第一位黑人四星上将，第一位黑人国务卿，第一位黑人众议员，第一位黑人参议员，甚至第一位黑人总统，美国各大学对黑人学生给予优惠政策，各公司雇人时对黑人格外照顾，但是许多黑人仍然生活在底层，无法摆脱贫困的状况。马丁•路德•金的"我有一个梦"，对于许多黑人来说，可能真是一个梦而已，实现起来很困难。

中国的农村人口面临着比城市人口更多的困难。农村的学生进入大学的分数要比城市的学生高不少。现在上大学是自费，许多农村学生虽然考取了大学，但是学费却成了家长沉重的负担，使许多人忘而却步。虽然大学里有助学金和奖学金的存在，农村孩子比城市孩子面临的困难大多了。在科技发达的今天，得不到高等教育，要想找到理想的工作，获得满意的收入是比较困难的。由于长期以来户口制度的限制，中国的农民被束缚在土地上，直到近年才有所改变。广大的农村人发家致富的道路仍然不多，农民的收入（包括农民工的收入）仍然处在中国的底层。

美国有人对贫穷问题进行了系统的研究，发现除了个人原因以外，有些非个人因素对穷人的影响非常大，例如经济衰退、高失业率、制造业萎缩、服务业扩大和工会势力的削弱。一个健康的经济并不能保证社会的每一个人都能免于贫穷，社会上有不少人由于各种原因，或是无法找到工作，或是只能找到薪水低的工作。认同社会应该对贫困负责的人也不少，尽管有四分之一的美国人认为穷人应该为自己的贫穷负责，但是有近四分之三的美国人认为政府应该帮助穷人，使他们脱离贫困。

以上两种对立的观点都有一定的支持者，这些支持者包括寻常百姓和制定政策的人们，双方各执己见。按照前一种观点，既然贫困的原因是穷人自己，社会就有没有什么责任，不需要做什么事来帮助穷人，一切应由穷人自己负责，因为穷人甘愿贫穷、甘心堕落，社会无能为力。但是按照后一种观点，既然贫穷是社会的责任，社会应该在财富的分配上想办法，尽力减小贫富差别，使穷人能够逐步富裕起来。具体的措施包括，实行最低生活保障、就业培训、帮助失业人员找工作等等。

以上两种观点各有各的道理，都有相当多的支持者。到底哪一种观点是正确的呢？欲知正确答案，且看最后一章分解。

# 教育是一种消费吗

背景资料一：中国有位教育部的官员说，上大学好比逛市场买东西，如果有钱，可以去买1万元1套的衣服；如果没钱，只能去小店买100元1套的衣服穿。教育是一种消费，北大、清华不是所有人都消费得起的。

背景资料二：中国有一位政协委员曾语出惊人地说，奉劝农村的孩子不要去上大学。她解释说，培养一个大学生成本不低，往往一个家有一个大学生就返贫了。而且一旦农村孩子读了大学，就回不到自己的家乡，城市就业又困难，于是身处夹缝，势必成为一个悲剧。

教育是培养社会成员进入社会的一个过程。在科技水平落后的社会里，教育的任务是由氏族、家庭或者师傅来承担的。随着社会生产力的发展，科学技术越来越复杂，这种形式的教育不能承担重任了，专业的教育体系便应运而生。中国过去的私塾、学徒逐渐被淘汰，西方的新式学校传入了中国，西方近代教育的模式逐渐在中国推广开来。

学校教育的优点是显而易见的。这种学校拥有受过专业训练的老师，学生从老师那儿学习各种专业知识，如语言、数学、文学、历史、哲学、地理、物理、化学和外语。这种形式的教育已经成为现代社会中不可缺少的一部分。

实行全民义务教育制度的观念可以追溯到古希腊的哲学家柏拉图，甚至更早的时代。大多数西方人认为普鲁士是第一个创立现代义务教育制度的国家。1763年，普鲁士颁布实施强制教育的法令，该法令以一个很重要而又很著名的学校教育法载入史册。法令规定5岁到12岁的儿童必须到学校去接受教育，否则要对家长课以罚款。

曾为社会主义国家的前苏联在1919年开始推行儿童强制性的义务教育，识字率在1937年达到了75%。美国的强制性义务教育是马萨诸塞州首先开始推行的。1852年该州通过立法，成为美国第一个强制义务教育的州，以后各州相继仿效。1918年随着密西西比州开始实行强制性义务教育，美国完成了在全国实行义务教育的改革。中国于1985年开始实行九年的义务教育制度。中国对教育的投资相应地增多，小学的入学率达到98.9%，初中的入学率达到94.1%。目前中国有2000多所高等院校，入学人数达到2000多万，升学率达到19%。2010年，中国有近600多万高校毕业生。

我们可以看到，无论是发达国家或者发展中国家，各国都已经认识到全民教育的重要性，先后采用了强制义务教育的办法，确保国民受到最起码的教育。对于义务教育以后的更专业、更深入的教育，目前在中国有不少争议。本文开头的背景资料突显了争议的焦点。

持结构功能主义观点的社会学家认为，学校教育起着以下几个作用。学校教育首先是一个社会化过程，能使社会保持稳定。每个人在学校学习的过程中，学习社会行为规范和准则，培养社会通行的价值观。中国人常说，"先学会做人，再学会做学问"，讲的是相同的道理。中国学校里面的政治教育，要求学生背诵那些政治条条，实质上是这一社会化过程。

学校教育的第二个作用是，学校教育还起着社会定位的作用。学生毕业后，拿着文凭到处找工作进入社会，开始新的生活。高中毕业生、大学专科和本科毕业生、硕士和博士找到的工作是不一样的。拥有博士文凭的人一般会进入大学当教授或者进入科研机构成为科研人员，而高中毕业生只能从事技术性比较低的职业，如当服务人员和工人，即使他们谋得一个办公室里的工作，一般也只是做个秘书打打杂。

从这个意义上讲，学校犹如一个大筛子，把学生送入不同的轨道，使他们进入不同的社会阶层。有的学生只能完成中学教育，有的学生却能考入研究生院成为硕士和博士。本来一同进入小学的同学，经过学校教育的层层筛选，终于"分道扬镳"。尽管家庭的经济、政治和文化背景会对学生的职业选择起一定的作用，但是起更大作用的，还是学生本身的水平。家里再有钱、再有势力，让一个弱智者进入科研机构当研究员是很不现实的。

　　学校为社会成员爬上社会的台阶提供了平台，许多出身贫寒的有识之士，通过学校教育进入了上层社会。中国的广大民众对高考非常重视，正是因为学校的社会定位作用，只有上了大学，才有可能谋到一个收入比较丰厚的职业。许多农家子弟没有其他途径进入更高一层的社会，高考成了他们唯一的希望。

　　学校教育的第三个作用是为社会搞发明创造。大学是搞科研的地方，大学里的教授除了教书外，还承担科研任务。中国著名的学者袁隆平研究出了杂交稻，大幅度地提高了水稻的产量，该科研的直接经济效益是巨大的，可以说杂交稻为中国甚至世界解决吃饭问题做出了贡献。

　　学校教育的第四个作用是为学生建立今后的社会联系。攻读工商管理学的同学，将来很可能是商业中的合作伙伴，这也是为什么有的人刻意进入工商管理学院的目的。对于他们来讲，读书只是手段，结识商界未来的老总才是真正的目的。美国的总统每四年选一次，每次总统上台都是"一朝天子一朝臣"。总统任命的各个部长都是知根知底的熟人，这些熟人中不少是总统在中学和大学时期的同窗好友，例如小布什选中他在耶鲁大学时的同室好友克拉克·雷德出任驻华大使。

　　与结构功能主义针锋相对的是"教育不平等论"。基于马克思主义的理论，该理论将学校教育与社会的不平等现象挂上钩，认为学校教育虽然为增加学生的知识做出贡献，但是学校教育并不是对学生毫无选择地进行教育的，学生的家庭背景起了很大的作用。孔夫子所提倡的"有教无类"，在许多环境下只是一种乌托邦式的理想而已。教育不平等论强调，学校教育实质上在努力保持社会的不平等现象，使之长期化和合法化。

男女的上学机会在许多情况下是不平等的。中国人曾相信"女子无才便是德"，这一观念影响了女子接受教育的机会，进而影响女子的社会地位，使得女子成为男士的附庸。到目前为止，世界上仍有少数国家和地区限制女孩子上学，2008年巴基斯坦的塔利班曾下令，凡到学校上学的女孩子一律处死。

学校教育的第一个作用是社会控制，使学生按受现实的社会，包括现实中的不平等现象。资本主义国家的学校体制为资本主义经济提供了听话的、遵守纪律的和有一定文化水平的劳动力。过去中国的私塾曾为维护封建统治立下了汗马功劳，私塾里念的《三字经》、《四书》、《五经》等书以儒家思想为中心，使学童在不知不觉中接受和维护封建的专制统治。

学校的录取制度与社会的不平等现象有关系，有些录取的苛刻条件，使得一部分考生容易录取，而另一部分考生易遭淘汰。按照美国一位社会学家的观点，任何一个人如果进入大学学习的话都能完成学业，可是由于不公平的录取体制，许多人失去了接受教育的机会。

学校间也存在不平等。以美国为例，私立学校的学生大多来自上层社会。美国的黑人总统奥巴马从小呆在私立学校里，如果他与大多数黑人孩子一样进入公立学校，很难想象他是否还能够成为美国历史上的第一位黑人总统。私立学校的条件要比公立学校好得多，当然学费要比公立学校贵许多，只有富人才能承受得起。

中国也开始出现私立学校，有的学校被称为贵族学校。中国的重点学校和非重点学校的情况也存在差别，重点学校受到政策上的有利倾斜，有雄厚的资金，办学条件比其他学校好，教出的学生当然比非重点学校的学生好。这也是为什么中国的家长千方百计把自己的孩子送进重点学校的原因，重点学校的录取貌似公平，其实未必，为什么人们同样交税却不能享受相同质量的教育呢。

教育不平等论对学校教育的另一个重要批判，是人们接受高等教育机会的不平等。是否受过高等教育，是衡量一个人知识和技术水平的重要指标。大学文凭在许多情况下，是一个人进入社会上层的入场券、敲门砖。我们必须看到，即使像美国教育发达的国家，大学的入学率只有50%左右，还有一半人不能进入大学学习，昂贵的学费是阻碍学生进入大学学习的主要原因之一。许多农村的孩子和贫穷人家的孩子，要上大学是有很大困难的。正像那位教育部官员说的，没钱就别来吗，那位人大代表干脆建议穷人家的孩子别上大学算了。

马克思主义痛批资本主义学校教育的不平等现象。尽管资本主义社会存在着严重的贫富差别，但是还没有哪个官员敢公开说，"大学校门八字开，有才没钱莫进来"。倒是我们的官员竟敢这样说，实在令人费解，不知那位教育官员和人大代表是否了解马克思主义的观点。马克思要是在天有灵，一定会为在社会主义的中国出现这样的说法感到不安的。

关于教育，以和谐理论为基础的结构功能主义从正面肯定了教育的作用，而以冲突理论为基础的教育不平等对教育的不平等现象进行了深刻的批判。两种理论各执一词，各有各的道理，究竟谁是谁非呢？欲知正确答案，且看最后一章分解。

# 为什么会看病难

**背景资料一**：中国的医疗改革徘徊不前，"看病难"和"看病贵"的问题愈演愈烈。中国政府提出要加快医疗卫生事业改革发展，表示将增加财政投入，把基本医疗卫生制度作为公共产品向全民提供。

**背景资料二**：根据2013年3月中国青年报的一份调查，46%的受访者认为新医改以来，看病难、看病贵有所改善，54%的受访者或是认为没有改善，或是认为不好说，或是认为更糟糕。

讲到医疗，我们应该首先了解什么叫健康。尽管人们对"健康"一词并不陌生，但是并不是人人都知道其精确的定义。世界卫生组织是这样定义的：健康是一种在身体上和精神上的完满状态，以及良好的适应力，而不仅仅是没有疾病和衰弱的状态。社会学家把健康定义为：身体上、心理上和社会上良好的状态。"良好的适应力"与"社会上的良好状态"有密切的关系。社会学的定义强调，健康不仅仅是生理方面的事情，也是社会方面的事情。

一个人的健康与否为什么与社会有关系呢？这是因为，一个人的健康与社会的文化形式有密切的关系，每一个社会对健康的概念是不同的。中国人的生活水平有了很大的提高，在中国营养不良的人，到了闹饥荒的非洲和北朝鲜，可能算是正常的。而中国的某些肥胖病人到了美国会算作正常，因为美国的肥胖病人太多。由于社会的变化，观念也在变化，以前曾被认为是病态的，现在不算了。例如自慰（尤其是女性自慰）不仅在中国而且在美国等西方国家，曾被认为是有害健康的病态，现在该行为已经不再属于有害健康之列了。

健康还与社会的科学技术发展和社会资源有关，社会的健康水平取决于科学技术。曾经夺去成千上万生命的疾病（如肺结核），现在已经不再是让人"谈病色变"的绝症，许多疾病（如天花）已经基本上绝迹了。此外，健康还与社会的不平等有关，由于财富分配的不平等，富人的健康状况比穷人的好，富人的平均寿命比穷人的长。

对于健康医疗的问题，社会学家有不同的观点。"角色理论"认为，社会成员的身心健康是社会生存的需要，人生了病就不能够对社会的正常运行贡献自己的力量。该理论包括两个部分，"病人角色理论"和"医生角色理论"。病人的角色有以下四个特点：

首先，社会应该免除病人的日常责任。日常生活中，每一个人均扮演各种角色，如工人、农民、学生和干部。

人生了病需要休息，学生可以请病假不上学，公务员可以病休不用上班。其次，人生病并不是有意所为，因此病人不能因为他们的疾病而承担责任，也不能因为他们未能完成工作而受到惩罚。第三，病人总是希望早日恢复健康，如果有人装病，社会不能免除他们的责任。最后，病人必须寻求有效的医治，如果病人不积极地治疗，社会也不能免除他们的责任。

医生的角色体现在治病救人。这就要求医患关系中，医生占主导地位，而患者占服从的地位。治病时，医生是专家，病人是外行，理应听从专家的意见。病人必须如实地向医生提供各种信息，包括一些个人隐私，以便医生更好地掌握病情。

该理论理顺了医患之间的社会关系。但是该理论对富人可能更适用一些，对于穷人可能不太适用，穷人不敢生病，生了病不仅没钱看病，也不敢请假休息从而影响收入。病患如果遇到黑心的医生，该理论提出的医患关系显然就失灵了。医生不是出于治病，而是出于挣钱，必然会出现看病贵的问题。

"主观影响理论"认为，健康是建立在人的自我感觉基础上的。美国的心理医学杂志2002年第二期上有一篇文章提到，健康的自我感觉与实际的健康状况有密切的关系，人的性格与健康的自我感觉也紧密相关。美国的一家研究老人问题的学术杂志2011年刊文，谈到老人的自我感觉、心理健康与身体健康三者之间的关系。研究人员对306名老人进行调查，发现自我感觉对身体健康有显著的影响，同时自我感觉对心理健康与身体健康之间的关系起着调节作用，自我感觉对于老人的生活质量是一个举足轻重的因素。

人的健康状况与社会环境分不开。中国人对乙型肝炎有特殊的恐惧，每十个中国人中有一人是澳抗阳性。如果一个人验血报告为澳抗阳性，他会在招工、招干、上学、参军、入托、住院治病等方面受到严格限制，虽然从医学上讲，澳抗阳性并没有像人们想的那么可怕。中国人对艾滋病也有不必要的恐惧，HIV阳性的人不仅在招聘和入学方面受到歧视，而且在日常生活中困难重重，周围的人往往避之不及。其实问题并没有人们认为的那么可怕，只要与这些人没有血液的接触，不会被传染上艾滋病，但是误解使得人们谈病色变。总之，健康与个人的自我感觉密切相关，有点"我思故我在"的意思。

马克思主义的"阶级不平等论"把健康、医疗和阶级不平等联系起来，对资本主义社会进行了批判。穷人看病难的问题，根子在阶级差别。资本主义把医疗作为商品，把医疗作为一种谋利的企业，是穷人看病难的主要原因。医生、医院、制药厂和医疗器械制造商形成了利益集团，他们唯利是图，乱检查、乱开药、乱收费。以美国为例，美国每年有近100万人因为药物不良反应住进医院，有一半以上的手术并不是必须的，多余的手术是出于利润驱动。改革医疗体系，只有从改变医疗方向入手，必须将目前的"向钱看"变成把人民的健康放在首位。

资本主义的医疗体系已经沦为控制社会的一种工具。美国人相信科学，所以现代医学主导了美国社会。尽管现代医学宣称在政治上保持中立，但是在许多事情上它并不中立。美国的医学界反对政府管理医疗体系，医学界里的种族歧视和性别歧视相当严重，现代医学帮助资本主义掩盖了贫富差别造成的医疗健康上的不平等。医学把生病的原因归咎于病毒和细菌，而忽略了穷人生病主要是由于生活条件差、不卫生和营养不良造成的。阶级不平等论认为，一个社会的医疗不能把营利作为主要目标，健康是一个社会问题，不是简单的个人问题，一个国家应该把人民的健康放在首位，而不应该让商人和利润来左右政府的政策。

角色理论为理顺医患关系提供了理论依据，主观影响理论认为人是否健康与主观意识密切相关，马克思的阶级不平等论则认为穷人看病难的问题根子在于阶级差别，只有消除阶级不平等，把人民的健康放在首位，不把医疗作为营利的手段，才能真正解决看病难、看病贵的问题。

以上理论谁是谁非呢？欲知正确答案，且看最后一章分解。

# 世界人口会爆炸吗

背景资料一：公元 2000 年前，中国的人口估计为 1,400 万，到了公元元年，中国的人口增长到约 6,000 万。中国花了 2,000 年的时间，人口仅翻了两翻多一点，增加了 4,600 万。到了 1850 年，中国人口达到 4 亿。1950 年刚建政时，中国的人口已经超过 5 亿。中国在 100 年的时间里，人口增加了 1 亿。以后，中国用了 10 年左右的时间，人口又增加了 1 亿，达到 6 亿多。1982 年人口普查，中国的人口是 10 亿。到了 2000 年，中国的人口已经超过 12 亿。目前，中国的人口超过 13 亿。

背景资料二：自从 1400 年发生过瘟疫以后，世界人口一直呈上升趋势。值得注意的是，人口上升的速度越来越快。1804 年左右，世界的人口达到 10 亿，1927 年达到 20 亿，用了大约 123 年。此后，世界仅用了 33 年时间，使人口又增加了 10 个亿，达到 30 亿。以后，上升的速度就更快了，只要 10 多年时间，人口就增长 10 个亿。目前，世界人口已经达到 70 亿。

如果人口上升的趋势得不到合理的控制，人类的生存将遭遇巨大的挑战。据专家估计，按照现在的速度发展下去，2025 年世界人口可以达到 80 亿，2045 年将达到 90 亿。这些预测是如何得来的呢？人口学家把许多因素综合起来，如历年的出生率、死亡率、移入和移出的比率等等，以及经济、政治和社会等多种因素，得出大概的推测。例如一个国家原有人口是 1 亿，出生率是 2%，死亡率是 1%，净增长率是 1%。如果不考虑移民问题，该国每年以 1% 递增人口，只需 7 到 8 年的时间，可使人口翻一番，达到 2 亿。

人类面临的人口问题，催生了研究人口问题的学科，即人口学。马尔萨斯在 18 世纪末提出了他的人口理论，这就是过去在中国被批得很臭的"马尔萨斯人口论"。该理论认为，人口的增长是按照几何级数增长的，即按照 2，4，8，16，32，64．．．数列增长的。很显然，如果人口真的按照该方式增加，世界人口很快就会失控。人类食物的生产也会增加，这一增加是按照算术数列增加的，即 1，2，3，4，5，6．．．．可以看出，人类的食物生产跟不上人口增长的速度，最终会导致世界的大饥荒。

抑制总人口的增长有两种可能。首先是饥荒、疾病和战争。第二是节育、提倡禁欲或者推迟结婚生育。由于马尔萨斯是位牧师，出于宗教的信仰，他不赞成人为地抑制生育。他还认为人类不可能自愿地实行禁欲主义和推迟结婚生育。因此，马尔萨斯的人口理论是一种悲观的理论。

马尔萨斯的人口理论遭到质疑。首先，欧洲的出生率从19世纪开始呈下降的趋势，这是因为子女不再是财产。过去中国人相信多子多福、养儿防老，看来西方人过去也这么认为。现在抚养子女已经成为巨大的经济负担，人们不再愿意生育过多的子女。其次，马尔萨斯低估了人类的创造能力，由于劳动生产力的提高，人类可以基本解决吃饭问题。

马克思对马尔萨斯的人口理论持批判态度，马尔萨斯把人类的痛苦归结为自然的原因，忽略了一个重要的事实，即贫富差别和社会的不平等是由资本主义社会所造成的。在中国，马尔萨斯的人口理论曾被斥为"为资产阶级作辩护"，中国曾提出，解决中国的社会问题是靠革命还是靠节育，把学术之争上升到政治立场问题的高度，搞过了头。

马尔萨斯的人口理论是不容忽视的。它告诉世人自然资源不是取之不尽的，人口持续的上升已经导致一系列的社会、经济和政治问题，到了刻不容缓的地步。

"人口过渡理论"（也译为人口转变理论）把人口变化与技术发展的阶段联系起来，认为通过分析技术发展的三个阶段来解释人口的变化。第一阶段是工业革命前，人的出生率和死亡率都很高，人口的净增长并不高，人口增长得并不快。第二阶段是工业革命的早期阶段，人的出生率仍然很高，但是由于技术的发展，人的死亡率降低了，人的寿命也延长了，人口净增长率提高了，人口增长得快了。到了第三阶段，即工业革命的成熟阶段，人的出生率和死亡率都降低了，人口净增长率降了下来，人口增长减缓了。

支持人口过渡理论的事实挺多，我们可以从西欧和北美的人口变化找到证据。工业革命开始以后，这些地区的人口增长率达到每年3%的水平，随着工业革命的继续发展，人口增长率逐渐下降了。例如1970年开始，美国的人口增长率已经低于1%，工业发达地区的人口已经接近零增长率，有的国家甚至达到负增长率，人口不增反减。中国的发达地区也出现了类似的现象，年轻夫妇只愿生一个孩子，甚至不愿生孩子的大有人在。人口过渡理论为人们提供了一个比马尔萨斯理论更为乐观的前景，我们可以得出结论，第三世界穷国将沿着发达国家已经走过的路，解决目前的穷困，最终解决世界范围内的人口问题。

马尔萨斯人口理论对世界人口抱悲观态度，认为世界人口将威胁人类的生存，而人口过渡理论则抱乐观态度，认为世界人口的增长将会减缓。两种理论各有各的道理，到底谁是谁非呢？欲知正确答案，请看最后一章分解。

# 城市人口会永远增长吗

背景资料一：深圳曾是宝安县里的一个不起眼的小渔村，人口约 3 万人。1980 年 5 月深圳特区成立，导致一场史无前例的大移民，深圳的人口直线上升。据估计，目前深圳的实际人口达到 1,400 万左右。短短的几十年时间，深圳的人口增长了数百倍，可以说是世界上独一无二的。

背景资料二：美国的纽约市，从 1609 年欧洲人开始移民起，人口经历了类似的变化。1790 年时，纽约的人口只有 3 万多人。到了 1800 年，仅 10 年的时间，人口翻了一番，达到 6 万多人。到 1900 年，纽约的人口更是增加了近 60 倍。到了 2010 年，纽约的人口达到 800 多万，一直是美国人口最多的城市和最拥挤的城市之一。

以上的背景资料讲的是城市人口问题，这是世界上许多国家面临的又一个大问题。人口的变化，不仅有加速上升的趋势，而且还有一个逐渐从农村向城市移动的问题。

城市的出现，可以追溯到公元前 8,000 年。世界上最早出现城市的地区有中东地区、中国、印度和南美。大工业前的城市不仅作为政治、商业、文化中心，而且还作为军事要塞，城市的四周一般会有坚固的城墙。中国古代的战争多半是围绕争夺重要的城池进行的，后来由于武器的发展和商业发展的需求，城墙失去了意义，让位于道路、住宅和商业的建设，保留的不多了。

工业革命的出现使得城市的发展经历了第二次飞跃，商业主导了城市的发展，更宽更直的大街道取代了过去的小街小巷，公交车、电车和地铁四通八达，高楼大厦拔地而起。以美国为例，美国在 1800 年以前，基本属于农业时代，从 1800 年到 1860 年美国进入了城市发展时期，城市人口的比重从 6%上升到近 20%，从 1860 年到 1950 年，美国进入大都市化阶段，城市人口达到 60%以上，这一上升趋势仍然在持续。都市化的最重要特征是人口多而且密度高，人口的高密度给城市的生活带来了负面的影响，人口过度密集，对城市造成了巨大的压力。

一个地区的人口增长，主要是由三个因素决定的：出生率、死亡率和移民率。如果一个地区的出生率和死亡率正好相抵，移入的人口和移出的人口也正好相抵，该地区的人口就没有变化保持不变。

城市的人口问题，显然不是由出生率和死亡率的不平衡造成的。深圳由小渔村成为大都市，当地的出生率再高，也不可能在短短的几十年的时间内，生出超过原有人口数百倍的新人来。深圳人口膨胀的主要原因是移入的人口大大高于移出的人口，原本居住在农村和其他城市的人们，为了能过上更好的日子，选择到深圳闯荡、淘金。从这个意义上来说，城市的人口增加并不意味着国家和世界的总人口的增加。

有人预测美国纽约的人口将达到1,000万，这个预测是如何得到的呢？我们举一个例子来说明。一个地区原有人口是100万，出生率是2%，死亡率是1%，移入率是10%，移出率是1%，那么净增长率是10%。该地区只需要24到25年的时间，可使人口翻数番，从100万达到1,000万。

那么城市人口会向什么方向发展呢？社会学家的第一种观点是"都市去中心化"的发展，城市人口的变化，并没有完全按照有关专家们的估计发展。纽约市的人口没有突破1,000万，纽约的人口在上世纪五十年代到七十年代停留在790万左右，到了八十和九十年代甚至有所下降，目前纽约的人口大约在800多万。

这一变化的原因，可以用美国出现的都市去中心化来解释。自1950年开始，美国的许多城市居民离开中心城市，搬到了大城市周围的卫星城市。例如，美国得克萨斯州的首府大奥斯汀地区包括奥斯汀市、圆石城、圣马库斯市、雪松园、乔治镇、卡尔镇、福禄格威尔镇等众多的地区所组成。这些小城镇像铁块一样，紧紧地被奥斯汀城吸引着，彼此紧挨着，既相对独立又相互依赖。由于这一变化，大都市的人口已经呈现平稳或下降趋势。

这种变化的后果既有积极的方面,也有消极的方面。好的一面是,城市中心的人口压力得到了控制,生态环境得到了改善。不利的方面是,由于大量富裕居民的离开,原来的市区萧条了,以至于有的城市无法支撑下去。美国的克里夫兰市和纽约市财政捉襟见肘几乎破产,不得不启动项目,以使都市能够恢复往日的繁荣。

第二种观点是"人口向新地区流动"。城市人口发展的另一个动向是,人口离开老的地区,向新的地区的流动。美国过去的人口集中在东北部和中西部,中被人们称为"冰雪带"的地区,以工业生产为主。1940年时,该地区居住的人口占全国的60%。然而,美国的南部和西部有了突飞猛进的发展,是被人们称为"太阳带"地区,以服务性行业为主。到了1975年,"太阳带"地区的人口已经超过了"冰雪带"地区。

服务业为主的地区与工业为主的地区,在发展方式上有所不同。"冰雪带"的城市以中心城市为圆心,四周围绕着众多的郊区卫星城,而"太阳带"地区的城市却一个劲地向四周延伸。美国的芝加哥曾是过去闻名的工业城,面积有228平方英里。休斯敦是新兴的城市,面积有565平方英里,比芝加哥大了一倍。中国也出现了类似的现象,过去曾是中国工业基地的东北地区,已经被南部的许多省份超越,是无奈又是必然。

都市去中心化观点认为,城市居民会离开中心城市,搬到了大城市周围的卫星城市,人口向新地区流动观点认为,人口会离开老地区,向新地区流动。总之,城市人口不会永无止境地发展下去,会向其他地区流动。

去中心化和向新区流动化的意见各不相同,两种观点哪个对呢?欲知正确答案,且看最后一章分解。

# 男女平等吗

背景资料：2011年2月，中国陕西省妇联公布了《女大学生招聘中性别歧视调查研究报告》，报告显示，受访女性就业率比男性低12个百分点，约有60%的女性遇到性别限制，性别限制已经成为制约女大学生就业的瓶颈。

自从人类进入父系社会以来，女性受歧视是司空见惯的事情。毫不夸张地说，从某种意义上讲，中国的历史是一部歧视女性的历史。从我们的祖师爷孔子开始，中国人对女性另眼相看，"唯女子与小人为难养也"是孔老夫子的著名论断。[①]如果历史上出现了君王误国，中国人很容易把责任算在女人的头上，"红颜祸水"这一成语就是一个证明。人们还常说，贪官的背后总有女人，言下之意贪官都是被女人唆使的。

---

[①] 当然也有许多学者为孔子辩解，认为人们误解了他。

即使到了现在，中国对于女性的歧视比比皆是。如背景资料所示，有的用人单位明着不招女性，招聘空姐和高姐与选美差不多，同样的招聘，没有见过对男性有类似的选美要求。年龄大一点的女性则更惨，既受到性别歧视，还要受到年龄歧视，如果她们下了岗，要找到工作，比其他人更加困难。男性可以到55岁退休，但是女性的退休年龄却定在50岁，尽管女性的寿命比男性更长。社会上普遍流传"干得好不如嫁得好"、"跑招聘会不如跑婚介所"的说法。

对女性性骚扰的问题更是令人担忧，以权谋性的现象，不仅发生在官场、商场和文艺界，还发生在学术界。潜规则的受害人大多数是女性，那些害人者却仍然为官、当老总、干导演、做教授，没有人能把他们怎么样。

第三世界国家的女性就更悲惨了。自2005年以来，已有超过700名阿富汗妇女因不堪家中虐待而自焚。她们是一些年轻的女性，没有受过太多的教育，因为家庭贫困等原因嫁给了比她们年长许多的男子。塔利班当政时期，阿富汗妇女不准上学、不可做工，甚至还设有一所宗教监狱，囚禁大批的女犯，犯私通罪男的只受鞭刑100下，而女的却受石刑被乱石砸死。

歧视女性不仅发生在中国和落后国家，而且在世界各地普遍存在。例如在号称民主国家的美国，对女性的歧视一点儿也不亚于落后的封建国家。1865年，美国通过了废除奴隶制度的法案，给予男性的黑奴选举权。可是美国的白人女性却迟迟没有获得选举权，直到1920年，美国的妇女才有了选举权。在55年的时间里，美国白人妇女的政治权力还不如曾是奴隶的黑人男性。即使到了二十一世纪，美国的女性仍受到不同程度的歧视，许多在沃尔玛工作的女性不能与她们的男同胞同工同酬，工作表现虽然突出，却不受重用，得不到应有的提升。

毋庸置疑，男性和女性在生理上有差别。男性在肌肉发展方面比女性强，男性力气总的来说比女性大。但是男女的智力并无显著差别，男性在理工科方面比较好，女性在语言能力方面和文科方面不输须眉，只是由于长期的社会偏见，人们普遍相信男性比女性强。

在英语中表示性别有两个词，Sex指的是生理方面，Gender更强调社会和文化方面的意义。如果说男女在前一方面有区别的话，在后一方面应该差别不大，可是为什么男女有着明显的不平等呢？社会学家提出了一些理论来解释这一现象。

"角色互补论"认为，在科学技术不发达的时代，人类无法克服男女体力方面的差距，形成了"男主外、女主内"的分工形式，适应了社会的延续和生存的需要。大工业时代的来临，为缩小男女体力间的差距提供了条件，过去只有男性能做的事情，女性也能胜任了。但是男女之间的真正平等并不能在短时间内实现，社会仍然需要男女间的互补角色，需要女性把更多的精力放在家庭内部，起到凝聚家庭的作用，需要男性把精力放在家庭与社会的联系上。男主外、女主内的分工形式仍然是主导模式，人们从幼年开始被灌输这些观念，形成了社会共识，如果有人违反了这一习俗，就会显得不合潮流。男性的责任是在社会上打拼，男性一般比较理智、自信、争强斗胜；女性的责任是维护家庭，女性一般比较情绪化，更易多愁善感。这种男性和女性的应有形象深深地影响着人们，世俗不易接受缺乏阳刚之气的男性和缺乏阴柔之情的女性。

"压迫女性论"以恩格斯为代表人物，认为在生产力落后的时代，男女是平等的。在采集狩猎社会里，女性采集的果实在人类的食物占了很大的比例，女性的社会地位与男性差不多。当生产力提高有了剩余，有了私有财产，产生了阶级以后，情况改变了。男性逐渐占领了统治地位，为了使自己的后代能够继承财产，一夫一妻制逐步取代了群婚制，女性开始扮演以家庭为中心生儿育女的角色。资本主义社会进一步加强了男性的统治，大工业造就更多的财富，男人拥有更多的权力，为了支持男性在外做工，女性只好围着锅台转。养家糊口的男性工人得到的是低薪，而整日围着锅台的家庭主妇却分文不获，资本家就是通过这样的方式来剥削工人的。

"女权主义理论"是新兴的理论。女权主义是指女性争取与男性平等，体现女性自我的一种女性思想、言论及权力的行为和理论，男女平等是女权主义的目标。女权主义理论包括三个方面。首先是分析和认识女性在社会中的状况，女性的社会地位低下、境地悲惨、安全没有保障、创造力受压制和被无视，成为男性的附庸是不争的事实。其次是女性自我意识的确立、女性身份的认同、社会地位的确立，世俗的传统观念认为，男人生来为了征服世界，而女人生来应该是贤妻良母。女权主义认为，必须摈弃这样的观念，才能做到男女平等。最后是女性组织的建设和女性话语权的建立，女性的解放离不开组织，靠个人的单打独斗是不可能成功的。女性只有组织起来，才能使千千万万的女性拧成一股绳，为自己的权益而斗争。

西方女权主义的第一次高潮发生在19世纪下半叶，起源于法国的资产阶革命和启蒙运动。女权主义的最初要求是妇女在教育、经济和立法方面的平等权力。美国在19世纪四十年代的女权主义运动，为美国的女性争取选举权立下了汗马功劳。西方女权主义的第二次高潮发生在上世纪的六十年代，不仅从经济方面寻求男女平等，要求妇女在物质上的地位，而且诉求女性在性方面的解放。美国上世纪六十年代出现的性混乱与这一高潮不无关系，"性解放"和把男女对立起来的女权主义，带来了无数的家庭破裂、单亲母亲、问题儿童和艾滋病流行。80年代以后，越来越多的女性占据了领导地位当了老板，闯入了男人的世袭领地，这些变化促使人们开始反思。总之，女权主义支持妇女在经济、政治和生活等方面的平等权力。

互补角色理论为男主外女主内提供了理论依据，具有明显的和谐色彩，维护目前的男女社会状况。以恩格斯为首的压迫女性论认为妇女受到压迫，养家糊口的男性工人得到的是低薪，而整日围着锅台的家庭主妇却不得分文，资本主义通过间接的方式压迫女性。女权主义则支持妇女在经济、政治和生活等方面的平等权力。

以上三个理论谁是谁非呢？欲知正确答案，且看最后一章分解。

# 女性在家庭中平等吗

背景资料：2011年8月12日，中国最高法院公布了婚姻法第三次司法解释，并从13日开始实施。解释主要有两点：房子如果是父母出资买的，谁的父母出资房子归谁；如果是婚前贷款买的，谁首付房子产权归谁。报纸和微博上，关于这一话题的讨论络绎不绝。有人认为，今后年轻人将不再为房子而结婚。也有人认为，新的司法解释对婚姻中的弱势群体会产生不公。更有人认为，如此规定结婚与同居又有何异。

说起婚姻和家庭，我们不会感到陌生，然而要给家庭下一个严格的定义，可能还不那么简单。按照传统的观念，家庭是由丈夫、妻子和他们年幼的孩子组成的，但是这一传统观念正在发生悄然变化。有人是这样定义家庭的：家庭由一群生活在一起的成员组成，他们之间可以有三种关系：他们有一个共同的祖先，或者他们存在着婚姻关系，或者他们之间有领养关系。过去的家庭关系一般存有血缘关系，不过随着社会的发展，人们逐渐地接受更多形式的家庭关系，例如一对同性恋带着领养的孩子生活在一个屋檐下也可以算作家庭。

婚姻是组成家庭的主要途径，婚姻可以概括为两大类，即一夫一妻制和一夫多妻制。一妻多夫制很少，在这里就不讨论了。一夫一妻制起源于父系社会，是文明进步的一种标志。西方实行一夫一妻制，对"性"采取开放姿态，对性行为包括婚外性比较开放。西方文化里个人的自我价值的觉醒和人格的独立性，有效地保证了一夫一妻制度。为什么西方国家没有三妻四妾，二奶三奶呢？这一问题涉及文化观念，西方的婚外情屡见不鲜，但是很少有女人甘愿依附一个男人以换取经济利益。卖淫与依附不是一回事，卖淫是一种买卖，一种用金钱与性的平等交换，不能算作是依附。

一夫一妻制是文明进步的标志，但是不能算作普世观念，世界的许多地区至今仍执行一夫多妻制。利比亚推翻了卡扎菲政权，实行了民主制度，却准备实行一夫多妻制，遭到众多妇女的反对。世界的许多地区，由于贫困或文化的原因，女人缺乏独立的人格，一夫多妻制能够盛行。坚持"宁愿坐在宝马里哭，不愿意坐在自行车上笑"的女人是推行一夫多妻的社会基础，也是二奶三奶赖以存在的社会基础。

由夫妻及其未成年子女组成的家庭叫做核心家庭。另一种常见的家庭叫做主干家庭，是由夫妻、夫妻的父母、或者直系长辈以及未成年子女组成。这是中国人常说的"子孙满堂"、"四世同堂"式的家庭。还有一种家庭，叫做扩大家庭，是由核心家庭或主干家庭加上其他旁系亲属组成的。最近几十年来，各国的离婚率急剧上升，离婚率居高不下对家庭造成了巨大的冲击，家庭的形式发生了根本的变化，单亲家庭、单身家庭、重组家庭、丁克家庭、空巢家庭、同居关系家庭和同性恋家庭出现了。

家庭是社会中最小的组织机构，家庭的稳定与社会的安定密切相关，分析家庭与社会的关系有助于我们更好地理解家庭。按照坚持和谐理论的社会学家的观点，家庭是维护社会功能的单位，家庭为生育和抚养下一代提供保障，无论贫穷或者富裕，大多数人都是在自己的家庭中成长，孤儿毕竟是少数。

家庭也是个人社会化过程中的第一站。人是社会化动物，人出生以后长大成人进入社会，有一个社会化的过程。在此过程中，人要学习知识、学习社会规范，为今后进入社会在社会上立足打好基础。在社会化过程中，学校、传媒、朋友起了很大的作用，但是不可否认的是，家庭是个人社会化的最重要的一个阶段。

家庭还能够满足家庭成员的感情、关爱和安全感的需求。人需要爱和被爱，人在婴儿期和幼儿期更需要父母的关爱。心理学家发现，如果一个人小时候没有被父母关爱，长大后很难会爱别人，爱是通过实践学会的。

家庭还在经济上分工合作。许多家庭中，男主外女主内，家庭能够正常运作。有的家庭中，女主人干脆不工作，专职负责照料孩子，女主人不必为一日三餐发愁，而男主人不必为家务事担心。

家庭对性生活实行控制，如果男女没有结婚成为一个家庭，他们之间的性生活会受到人们的质疑。虽然随着社会的发展，人们对性越来越开放，质疑声越来越少了，但是破坏他人家庭的性行为还是会受到社会的指责。

家庭还为子女今后进入社会铺桥开路。中国过去有一种说法，叫做"龙生龙，凤生凤，老鼠的儿子打地洞。"这种说法现在已经不流行了，不过，下一代人的成功与否与家庭背景密切相关。如果家庭能够在经济上和政治上为子女助一臂之力，子女成功的可能就大得多。

以马克思为首的社会学家对"维护社会说"不以为然，该派理论认为，家庭是造成社会不平等的帮凶，家庭通过财产遗传的方式，造成社会财富分配的贫富不均。恩格斯认为家庭的起源是为了将私有财产代代相传，家庭对贫富差别起到了重要的作用。美国"占领华尔街运动"指出，百分之一的人口拥有百分之八十的财产，而这些财产多半是靠遗产得到的。中国的富二代挥金如土、一掷千金，全是在拿富翁老子的钱嚣张。

人们在组成家庭时一般走的是"门当户对"的道路，限制了社会流动。原来属于下层社会的人们由于只能在相同的阶层中寻找配偶组成家庭，所以组成的家庭仍然属于下层社会。而上层社会的人们在相同的阶层中寻找配偶组成家庭，新的家庭又一次赢在了起跑线上。

阶级斗争也反映到同属一个阶级的家庭中。尽管资产阶级的妇女地位比无产阶级要高，生活条件也比较优越，但是在资产阶级家庭中，资产阶级妇女仍然要听从丈夫，丈夫在家中掌握权力，而妻子则被贬低、被奴役，变成丈夫淫欲的奴隶，变成生孩子的简单工具。男性的统治源于财产的掌握，家庭保护了私有财产的社会延续。一百多年前的美国，妻子挣的钱统统归丈夫所有。在无产阶级的家庭中，夫妇的地位也是不同的。妇女不仅受到资产阶级的剥削，还受到无产阶级丈夫的剥削，妇女们承担了主要的家务活，还要照看孩子，而这些工作都是无偿的、没有报酬的。妻子不能因为照看孩子和做家务向老公收费，由于生孩子和做家务，妻子的事业发展也会受到影响。

如背景资料所示，中国最高法院的解释，对婚姻中的弱势群体产生了不公。谁付了首付，房子就归谁，完全忽视了女性的非财务贡献。生儿育女、操持家务、相夫教子、赡养父母难道不是贡献？资本主义国家里，即使有一方不工作没有收入，夫妻婚姻期间获得的财产均归两人共同所有，离婚时瓜分财产，法院往往会偏向弱势的一方。

上面的两种理论把家庭理解为社会结构的一部分，还有一种理论从个人互动的角度来理解家庭。同处在一个家庭，男人和女人对婚姻和家庭的理解是不同的，父母和孩子同处在一个家庭，两代人对家庭的理解也是不同的，而且各自的理解随着对方的变化而变化。如果妻子在事业上取得巨大的成功，丈夫在家庭的角色也会相应的变化。

更重要的是，该理论把找对象和婚姻看成是一个交易的过程，男女双方互相交换世俗所看重的身份、价值和地位。在谈恋爱的过程中，双方会考虑未来这桩婚姻的得与失。在父系社会中，漂亮的外貌是女性在交易中的本钱，这就是为什么女性很注意自己的外貌的原因。而对于男性来说，手中的财产比外貌更加重要，因此男人可以用金钱来弥补外貌的不足。这就是为什么那些富二代有那么多漂亮姑娘追逐的原因。

　　和谐理论看重家庭维护社会的功能，马克思的冲突理论认为家庭是造成社会不平等的帮凶，互动理论则认为家庭和婚姻是一个交易过程。以上三个理论谁是谁非呢？欲知正确答案，且看最后一章分解。

# 如何理解老龄问题

背景资料一：根据中国 2010 年第六次人口普查统计，中国人口的年龄构成是：0 至 14 岁人口占 16.6%，比上一次人口普查下降了 6.29 个百分点；60 岁及以上人口占 13.36%，65 岁及以上人口占 8.87%，比上一次人口普查分别增长了 2.93 和 8.87 个百分点。一方面，中国的年幼人口在下降，另一方面中国的老年人口在稳步上升。人口结构的变化，显示中国已经进入了"老龄化社会"。

背景资料二：目前，全世界 60 岁及以上的人口达 6 亿，有 60 多个国家的老年人口比例达到或超过该国总人口的 10%，进入了老龄化国家行列。人口老龄化的快速发展，引起了世人的注意。80 年代以来，联合国曾两次召开专题的世界会议，把老龄化问题列入联大的议事日程，并通过了一系列的决议，应对这一世界性的问题。

国际上通常把60岁及以上人口占总人口比例达到10%，或65岁及以上人口占总人口比例达到7%，作为该地区或国家进入老龄化社会的标准。"老龄问题"包括"人口老龄化问题"和"老年人问题"。人口老龄化问题指的是，老年人的增加对社会的影响；老年人问题指的是，老年人的社会保障和权益问题。

人口的老龄化问题，表现在老人在总人口中相对比例的上升。如背景资料一所示，中国已经进入了老龄化国家的行列，中国的人口预期寿命由1949年的41岁延长到了现在的70多岁。一方面中国的人口继续增长，另一方面劳动人口的数量急剧下降。有人预测，到2050年左右，中国的劳动力人口总数将比目前减少18%到35%，人口的老龄化问题是中国面临的新挑战。背景资料二显示，世界各国也面临着人口老龄化问题，最严重的是工业比较发达的国家，如西班牙、意大利，日本，俄罗斯，瑞典、瑞士、德国和比利时等国。随着世界各国经济的发展、人民生活水平和医疗水平的不断提高，人均寿命仍在增加。

人口老龄化的成因主要是因为人口出生率的下降和寿命的延长。在前面关于人口增长的章节里，我们谈到了世界人口的变化趋势，随着工业化的进程，越来越多的国家进入了低出生率和低死亡率的阶段。人类面临着尴尬的境地：解决人口老龄化可以通过提高人口的出生率，但是提高人口的出生率，必然导致总人口的增加，目前世界的人口爆炸问题已经到了刻不容缓的地步，显然此路不通。另一个途径是提高死亡率，这条路更行不通，人为地提高死亡率不人道也不现实。人类唯一能做的，是解决老年人问题。

由于人的自然衰老，社会做出的反应，有时对老人非常不利。中国历来有"尊老爱幼"优良传统，然而中国现在出现了令人不安的现象。南方网报道，四川双流县白沙镇团山村72岁的老太太被儿子打伤。儿子住在装修气派的二层小洋房里，母亲却住在紧挨猪圈的小屋，房屋里弥漫着猪粪味。无论天气炎热还是刮风下雨，母亲都必须挑粪种庄稼，如果提前回家就会遭儿子和媳妇的打骂。这一报道所揭示的问题只是冰山一角，老年人生活无保障，甚至受到虐待的事情屡见不鲜。

保障老人生活的最有效的办法是退休制度。世界上退休制度的历史并不长，是上世纪初的事，在此以前，连比较富裕的美国人也只好活到老干到老。美国的社会保险系统始于1935年，是罗斯福总统当年推行"新政"的一项措施。美国建立的社会保险体制，终于使许多美国人可以老有所依。该体制使美国的社会平安了80多年。

老年人面对的另一个问题是死亡问题，人不可能永生，总是会死的。在科技落后的年代，人的寿命比较短，死亡离人类并不远，几乎每天都会面对。中国和欧洲历史上曾发生过瘟疫、黑死病等致命的流行病，大量的民众不治身亡。由于条件的限制，无论是老死还是病死，一般的人选择死在家里，死亡对于人类来说是司空见惯的事。

由于科技的进步，人的寿命延长了，医疗条件比以前好了，许多人都是死在医院里。即使在医院里，治疗和临死前的抢救并不是一回事，前者是在病房里，而后者是在急救室里进行的。现代医疗技术给人的长寿带来了新的希望，人们开始期望长生不老，死亡似乎离人类远了，死亡变得可怕起来。

当一个人进入生命的最后阶段时，无论是病人还是家人和朋友，很难接受即将来临的死亡。早在十一世纪，西方已经出现了"临终关怀医院"（也译作善终医院），主要用于安置十字军东征时即将死亡的伤病员。上世纪的五十年代，英国的一位医生开创了现代版的临终关怀医院，这种医院于上世纪七十年代初在美国开始出现。这是一种特别的医院，其重点不是治病而是"医"人，医生尽力减轻临终病人由于疾病带来的痛苦，即心理上的、精神上的、身体上的痛苦。如果病人根据医生的诊断剩余的时间不足6个月时，病人可以申请进入这种临终关怀医院。病人在临终医院里只接受一般性的治疗（如感冒等常见病），在医院里平静地等待死亡。医院的医生会尽力让病人在生命的最后阶段里，平静地、没有痛苦地渡过生命的最后时刻。为了使那些不愿死在医院里的病人也能得到临终关怀，这一系统还派出医生和护士到病人家中去定期服务。目前西方的许多国家都有临终关怀医院，为垂死的病人提供服务。

面对老年人问题，社会学家提出了不同的理论。"老人退隐论"是由两位美国社会学家在1961年提出的。该理论认为，社会必须正视社会成员的衰老和不可避免的死亡，为了使社会能够平稳过渡，社会采用有序而渐进的方式，把社会权力和职能移交给年轻一代。如果社会不能及时地进行这样的转移，一旦出现人才断层，社会就会出现混乱和动荡。在工业国家里，虽然年龄偏大的人们仍然能够继续工作，他们会被逐步地提前取代。

使老人退隐的另一个原因是，工业国家里的科学技术发展迅速，中老年人很容易落伍跟不上形势，不断地用新人取代老人，可以使技术和训练与时俱进，老人的退隐过程对老年人本身有好处。一个国家一般会对何时退休有共识，如美国人一般在65岁左右退休，中国退休年龄定得较早，男的55岁，女的50岁。这样的习俗或规定使得老人可以把多余的精力放到其他领域中去，社会对于老年人表现出更多的宽容，如果老年人的表现怪异或越出常规，一般不会遭受过多的谴责。

"持续活动理论"不赞成退隐理论的观点，认为许多老人其实并不希望退隐，退隐的代价是巨大的。退隐对于个人来说，意味着社会地位的丧失、陷入孤独和收入减少。对于社会来说，老人退隐意味着损失可贵的才能和经验。持续活动理论认为，持续活动、积极参与社会活动，会给老人带来满足感和幸福感。尽管社会习俗和有关规定使得老人不得不离开原来的社会角色，但是老人通过变换岗位，仍然积极参与社会活动发挥余热，老人对于退隐是不甘心的，也是不满意的。当然并不是所有的老人都能积极地应对变化，老人的态度取决于他们的兴趣、爱好、需要和身体状态。

老人积极参与社会活动也会产生不良后果，有些工作不适合老人参与。外科医生做手术，如果年龄太大，搞不好会造成医疗事故，危及病人安全。年龄太大的人开汽车，对其他人也会造成危害。美国曾发生过一个悲剧，一位七十多岁的老大爷开车时油门踩错，造成多人伤亡。

以马克思冲突理论为基础的"歧视老人论"认为，不同年龄的人们为了有限的资源相互竞争，年龄的劣势使得老人处于不利的地位，中年人拥有较多的优势，老年人成了二等公民。美国等工业国家是资本主义社会，以赚取利润为目标，所以对效益低的人群另眼相看。雇主青睐年轻的、薪水低的雇员，鄙视年长的、薪水高的雇员，出于成本和利润的考虑，资本家自然会用前者取代后者。

即使同为老人，由于所处的社会阶层不同，遭遇也是不一样的。那些处于较高社会地位的老人情况要好得多，他们的经济富裕、医疗有保障、有能力从事其他的社会活动，从而丰富老年生活。而那些处在底层的老人，处境就要差多了。这一理论强调社会的不平等。

老人退隐理论从正面肯定社会淘汰老人的过程，持续活动理论倡导老人发挥余热，继续为社会做出贡献，而歧视老人理论将老人社会地位的变化与社会的经济效益相联系。以上几种理论谁是谁非呢？欲知正确答案，且看最后一章分解。

# 青少年为什么会反叛

背景资料：巨星林忆莲自从 2004 年与李宗盛离婚后，母兼父职养大独生女李喜儿。林忆莲除了忙于巡回演唱会还在港开唱赚钱。在香港北角半山国际学校上学的女儿 13 岁，正值青春反叛期。有人曝料，自恃有巨星母亲的李喜儿不但在校内联群结党、杯葛同窗、横行校园，在外则日日流连球场，俨如脱绳野马。

背景资料里说的情况是大家所熟知的"青春期反叛"的问题。中国人开始关注和研究这一问题的时间并不长，就世界而言，青春期反叛进入人们的视线也只有 100 多年的时间。1904 年，美国的一位心理学家首先提出了青春期的问题，这是由于十九世纪末和二十世纪初发生的社会变化造成的。当时的童工法不允许 16 岁以下的少年打工，普及教育法使得这些孩子必须待在中学里，延长了他们依赖家庭的时间。过去许多孩子刚刚脱离童年期，直接进入劳工市场成为劳工，被当作成年人看待。现在不同了，他们有时间进行心态调整，进入了所谓的青春期阶段。

青春期的年龄界限，目前尚无统一划分，根据世界卫生组织专家委员会的建议，青春期的年龄区间为 10 到 20 岁。从生理方面分析，青春期的青少年体格生长加速，以身高为代表的形态指标出现第二次生长高峰；各内脏器官体积增大、重量增加，功能日臻成熟；内分泌功能活跃，与生长发育相关的激素分泌明显增加；生殖系统功能发育骤然加快迅速成熟；男女外生殖器和第二性特征迅速发育，使两性的外部形态特征差异更明显。

人的大脑体积到 6 岁时基本成形，大脑在 12 岁到 25 岁之间没有明显的生长，但是会经历大规模的重组，所以大脑的成熟过程一直延续到青春期。青春期时大脑的变化，从脑后部发展到脑前部。大脑后部负责视觉和运动等基本行为，脑前部则负责复杂的思维。青春期时大脑左右两个半球的连接也得到增强，因此人能够更好地把记忆和经验结合到决策过程中去。上世纪九十代进行的大脑影像研究发现，缓慢而失衡的心智发育过程，对青春期青少年的愚蠢行为给出了非常简明的解释：他们的大脑还没有成熟。按照生理学家的观点，这些孩子的大脑还不成熟，是他们正在发育中的脆弱大脑让他们做出愚蠢的行为，青春期的反叛似乎与大脑的不成熟有关。

然而心理学家却有不同的看法，他们认为青春期的青少年的反叛、行为怪异是由于他们的心理发展过程中的问题造成的。处于青春期的青少年开始进一步发展自我概念、自我认同和自尊，开始更清楚地了解自己、了解周围的人、了解别人的想法和评价，开始具有抽象思维的能力，能够分析面临的选择，并能够考虑如何选择。

青春期最明显的特征是乐于冒险。心理学家认为，最喜欢冒险的14到17岁的人的大脑中所使用的分析策略与成年人相差无几，他们和成年人一样思考问题。他们明白有些冒险可能有生命危险，而且像成年人一样，能够正确评估风险。青春期的青少年更喜欢冒险并不是他们看不到危险，而是他们在权衡风险和回报的方式与成年人不一样，如果冒险能带来他们想要的东西，他们比成年人更看重回报。

这一说法同时解释了青春期的另一特征，他们比其它年龄段的人更愿意和他们年龄相仿的人在一起。他们只愿意和同龄人在一起的热情，说明了新奇事物对他们的吸引力，青春期的同龄人比熟悉的家人能带给他们更多的新奇，他们把与同龄人的关系看得很重要。总之，青春期青少年的问题是他们心理发育过程中的问题。

社会学家对上面的两种观点不以为然。他们认为，青春期青少年的不稳定的行为和举止是社会过程中的矛盾造成的。一方面，人们要求处于青春期的青少年不断地自立，负起责任。但是另一方面，人们又认为青少年不足以承担成人的工作。中国人有句俗语，叫做"嘴巴没毛，办事不牢"，指的就是这些青少年。

青年人达到18岁可以参军保卫祖国，可是处于这一年龄的青年，可能还不能投票选举、不能喝酒和抽烟。社会上有许多规定，他们不能干这、不能干那。青少年的性成熟了，但是他们却没有完全的自由。中国法定的结婚年龄是男子必须达到22岁，女子必须达到20岁。

如果青少年16岁以下与人发生性关系，即使是自愿的也会被视为强迫。

社会上的许多规定，对于处在这一年龄的青少年有点混乱，造成了他们思想的混乱。小布什的女儿未到可以合法饮酒的年龄，为了买到酒她搞了个假身份证，被警察发现遭到逮捕。为什么18岁可以喝酒，而18岁差几天就不能喝要被抓呢？18岁和17岁半真的有那么大的差别吗？社会把成人的责任和处罚加在年青人的头上，把他们看成是成年人，但是同时在许多方面却剥夺他们的权力，把他们看成是小孩子。青少年反叛行为的原因在社会，是社会把他们的行为定义为错误或者犯罪。

心理学家认为，青春期的反叛是由于青少年心理发展过程中的问题造成的；生理学家认为青少年的大脑还不成熟；社会学家则认为，反叛是社会过程中的矛盾造成的，社会要求青少年负起成人的责任，却不让青少年承担成人的工作，青少年有责无权。

以上的理论谁是谁非呢？欲知正确答案，且看最后一章分解。

# 为什么人会分成等级

背景资料一,元朝为了巩固统治,把人分为四等。第一等是蒙古人,他们充任各级政府的首脑。第二等是色目人,指西域各族人和西夏人,他们当亡国奴较早,较受蒙古人的信任。第三等是汉人,即原来金统治区域的汉族和契丹人、女真人。第四等是南人,是南宋统治区域的汉族和其他各族人,地位最为低下。四等人的界限森严,重要的官职和军职均由蒙古人充任,不足时才用色目人。元朝依照不同职业的性质,还把人分为十级:即一官、二吏、三僧、四道、五医、六工、七匠、八娼、九儒和十丐。在中国传统社会中最受尊敬的儒家知识分子,被元朝的统治者定为低于娼妓,仅比乞丐强一些。

背景资料二,"门第婚"又称为"身份内婚姻",是魏晋南北朝时期的世家大族中盛行的婚姻习俗。当时世家大族兴起,在政治、经济等方面具有特殊的地位。为了世代垄断此种地位，保持贵族血统的纯洁，大族们在婚姻问题上十分讲究门当户对，在姻家的选择上均以地位与自己相当的大族为对象。为了维护门第，士庶之间绝对不允许通婚，甚至不同等级的士族之间也不通婚。北魏时，士族崔巨伦的姐姐因为一只眼睛瞎了，没有人来提亲，想降低门第要求将她嫁出去。崔巨伦的姑姑赵国李叔胤的妻子听说了这件事，反对将侄女下嫁，让自己的儿子娶其为妻。李叔胤之妻为了保住家族门第，不让瞎眼的侄女下嫁庶族，不惜搭上儿子幸福的举动，被当时的社会视为义举受到赞颂。

由于政治和经济等原因，人在社会中所处的地位是不同的。到目前为止，没有一个社会可以免俗，无论是西方的民主社会，还是以中国为首的社会主义社会。这样的等级划分有悖于许多信仰，西方的宗教认为在上帝面前人人平等，民主国家信奉在法律面前人人平等，共产主义的理想是人人平等、人人分享。那么为什么目前的社会不能做到人人平等，而要把人分为等级呢？

年纪稍为大一点的中国人对"阶级"一词不会感到陌生，如果到网上搜索，我们可以得到数千万条结果，无产阶级、农民阶级、奴隶阶级和中产阶级是我们熟悉的词汇。还有一个与阶级相关的词，叫做"阶层"，如工薪阶层和特权阶层。近年来，中国的学术界开始用十大阶层取代以前的"两个阶级一个阶层"（即工人阶级、农民阶级和知识分子阶层)。虽然叫法不同,阶层和阶级实际上就是等级。

那么阶级和阶层是如何定义的呢?《现代汉语词典》是这样定义的:阶级是人们在一定的社会生产体系中,由于所处的地位不同和对生产资料关系的不同而分成的集团;阶层是由不同的阶级出身,因某种相同的特征而形成的社会集团。按照中国人的习惯,阶层更多的是指阶级内部不同等级的群体。西方社会学用"社会阶层"来划分人的社会地位。阶层一词在这里有两层意义,"阶"表示有高低,像台阶一样,有的阶层比其他阶层高一些,"层"表示平面,相似的人处在相同的层面上。

社会阶层有两种不同的体系。第一种是"世袭制阶层",社会地位是世袭的。奴隶社会里的"奴隶制阶层"是世袭制阶层的一种,由于出身、战败被俘或者负债,一部分人成为另一部分人的奴隶。还有一种是"种姓制阶层",也叫做"喀斯特阶层",最有名的当属印度的种姓阶层,印度人从姓氏上可以看出属于哪个阶层。背景资料一和背景资料二里讲的等级和门第属于此类阶层。最后一种是"封建领主制阶层",封建领主对自己的封地和封地内生活的百姓拥有绝对的统治权,像中国春秋战国时期的诸侯那样。古罗马有贵族、骑士、平民和奴隶几个等级,中世纪不少西欧国家存在着教士、贵族和市民三个等级,这些阶层都是世袭的。世袭制阶层随着大工业的到来,逐渐退出历史舞台,现在已经奄奄一息走向消亡。

第二种体系叫做"非世袭制阶层",①社会阶层的归属主要取决于个人的能力和成就。由于该体系的开放性,成员的社会地位上下变动相对容易些,这是因为大工业经济使农村的人口移向城市,脱离了传统的世袭制体系。由于工业带来巨大的财富,社会的总体富裕程度大大提高,个人的社会地位水涨船高。工业国的民主程度相对高一些,人民享受更多的政治权力。在世袭阶层体系里,王子与庶民同罪很困难,但是在非世袭制体系中,一般不会出现这样的情况。

社会阶层的划分有几个特点。首先,社会阶层的归属不完全依赖于个人的能力。泰坦尼克号邮轮的海难事件是众人所知的,但是鲜为人知的是,该船一等舱的乘客有60%的人幸免于难,二等舱的乘客有36%大难不死,三等舱的乘客却只有24%死里逃生。船舱的等级在这次海难中不仅仅意味着奢侈豪华,更意味着生死存亡。一等舱乘客逃生的比例较高与他们的泳技无关。他们能够逃生与他们所处的舱位有很大的关系,一等舱在甲板之上,这些乘客比处在甲板下的三等舱乘客有更多的时间跳上救生艇逃离沉船。

其次,社会阶层的归属有遗传性。即使在非世袭制的社会里,社会阶层与家庭出身仍有密切的关系,子女会在某种程度上会继承父母的社会地位,官二代和富二代比一般的平民百姓赢在了生活的起跑线上。

最后,社会阶层的归属必须得到社会成员的承认和支持。建政前的资本家和地主阶级属于有钱阶级,上流

---

① 英语中,这一体系叫做 Class system,常译为"阶级制阶层"。Class 本意为等级、阶级和班级,此处采用意译,译为"非世袭制"。

阶层，到了建政后，他们的土地和工厂充公、财产没收，他们的日子与平民百姓差不多了，在政治地位上不如过去的穷人。

　　社会阶层是如何划分的呢？按照马克思的观点，阶级的划分取决于各阶级与生产资料的关系。有的人拥有土地和工厂，有的人除了力气一无所有，只好为别人打工。例如在封建领主制体系里，僧侣和贵族拥有土地，市民只能为他们种田。在资本主义社会里，资本家拥有工厂，工人只能出卖体力为资本家干活。

　　也有人对马克思的阶级划分提出了批评。他们认为马克思的阶级划分过于简单化，提出了用三个方面综合衡量的方法，即经济方面、政治权力方面和社会声望方面。在他们的体系里，划分不是简单的姓"资"还是姓"无"的问题，而是逐步自低向高变化。马克思认为政治权力和社会声望均源于经济，没有必要考虑前两者。但是他们提出了有力的反驳，一位权力逐步上升的官员也许并不富有、声望并不高，不过由于其手中的权力，他在社会中的地位不容忽视，社会阶层很复杂，可以组合成许多阶层。中国目前提出的十个社会阶层，似乎离开了马克思的方法。

　　那么为什么会产生社会阶层，从而出现不平等现象呢？"自然的必然性"观点认为，人与人之间存在着能力上的差别，人所处的社会地位不尽相同是很自然的。有的人智力一般，无法胜任复杂的工作，如"阿甘正传"里的阿甘是不能胜任重任的。而有的人天生比别人聪明是个奇才，如大名鼎鼎的科学家爱恩斯坦。这种能力上的差异决定了两个人不同的社会地位。

以和谐理论为基础的"结构功能主义理论"认为，社会分为阶层可以维护社会的稳定，促进社会的发展。有的工作比较简单，有的工作很复杂，需要才能、智慧和努力。社会通过给予能够胜任复杂工作的人们丰厚的回报，使这些人占据着令人羡慕的社会地位。丰厚回报造成的不平等，非但不会导致人们心理的不平衡，反而激励世人努力学习和工作，从而促进社会的发展。

以马克思冲突理论为基础的"不平等论"则认为，不平等的社会阶层是不合理的，是统治阶级压迫被统治阶级的明证。由于统治和被统治阶级有着不可调和的矛盾，最终发生冲突是不可避免的，工人阶级应该组织起来，去推翻资本主义的统治。

"社会达尔文主义"认为，自然界的物竞天择、适者生存的"丛林原则"在人类也适用，强的人爬到社会的顶层，而弱的人只能呆在社会的底层。这里的"强"和"弱"指的是体力上、脑力上多方面的因素。人处在某个社会阶层，是自然的"弱肉强食"的选择。

第五种观点认为，象征社会地位的财富、权力和声望对个人的行为产生巨大的作用。人们接受现实生活中因不同社会阶层带来的不平等现象，把这些现象看成是天经地义的、理所当然的，因此安心于自己所处的社会阶层。

除了无阶级的共产主义社会，任何社会都存在与社会分层共生的不平等现象，社会如何维护这些不平等现象，不至于使社会分崩离析呢？

社会通过传统和习俗的势力，极力维护社会阶层，从而保护不平等现象。例如，面对社会的巨变，孔夫子鼓吹"克己复礼",呼吁人们回到旧的礼制中去。宗教信仰对维护社会阶层也起到重要的作用,印度的佛教宣扬人生的轮回,把进入更高社会阶层的希望寄托于来生,佛教相信人的社会阶层的变化会发生在转世,这样的信仰可以让人们安于今生的不平等。中世纪的天主教也是如此,他们把目前的社会处境说成是上帝的旨意,既然上帝让我们处在这个社会地位,那么我们唯一能做的就是认命。

意识形态的宣传对维护社会阶层起到作用,如在美国,个人英雄主义受到热捧,个人奋斗的成功者成为人们崇拜的偶像,使得人们相信,如果自己不成功,处在社会的底层,原因在自己。这样一来,人们就会满足于自己所处的社会地位,对不平等现象熟视无睹。社会还通过法律或武力,强迫人们接受现实,接受自己所处的社会阶层,接受不平等现象。资产阶级定立了许多保护私有财产的法律,不容他人侵犯。中国历史上的朝代更替,用武力夺取政权,从富人手里夺取财产,然后用刀枪维护他们抢夺的成果,造成新的不平等。

如何看待社会阶层,看待由社会阶层引起的社会不平等现象,社会学家各执一词,谁是谁非呢?欲知正确答案,且看最后一章分解。

# 少数族群为什么受压迫

背景资料一：1955年12月1日，美国的阿拉巴马州蒙哥马利县发生了一件对美国历史有深远影响的事件。事件的中心人物是一位黑人妇女，名叫罗莎·帕克斯。那一日她正乘坐一辆公交车。心身疲惫的帕克斯坐在车内指定给黑人的座位上。不久，上来了一群白人。公交车驾驶员要求四位黑人把座位让给白人。三位黑人乖乖地站起来让了座。但是疲惫的帕克斯觉得她没有必要让座给白人男士。她没有站起来。公交车司机叫来了警察。警察逮捕了帕克斯，理由是她违反了种族隔离法。后来帕克斯被法庭宣判有罪，处予14美元的罚款。此事没有就此了结。法庭对帕克斯的判决引发了美国大规模的抵制和声援运动。最终，美国当局废除了种族隔离法，黑人取得了胜利。

背景资料二：2010年，法国通过一项法案，规定人们在公众场合不得将脸用面纱遮住，于

2011年4月正式执行。该项针对穆斯林妇女的法律，引起了巨大的反响，反对声和支持声延绵不断。关于伊斯兰妇女面纱的争议早在1989年10月就开始了，当时有三名女中学生因为在学校里拒绝取下面纱而受到停学处分。从1994年到2003年，约有100名女中学生因为在学校里带面纱而遭到停学或开除学籍的处分。

在开始讨论之前，我们有必要探讨一下"种族"、"民族"和"族群"三个词的意义。由于语言的差异，区分几个词之间的差别有一定的困难。"种族"① 一般侧重于生理方面的特征作为划分的依据（如肤色、发色与发型、眼色、头型、面型、鼻型和血型等体质特征），与人种有关（如白人、黑人、黄种人）。与种族密切相关的一个名词叫做"族群"②，它更强调语言、文化方面的社会认同感。例如，同样属于拉丁族群的人，有的是黑人，有的是棕肤色人，有的是绝对的白肤色人。从外表上看，他们的肤色、发色和面貌相差十万八千里，但是他们却有认同感，因为他们共享西班牙的文化背景，或多或少地带有西班牙人的血统。"民族"③ 以地缘为基础，是历史上形成的、在经济生活、语言、文字、服饰、习俗和民族意识等方面具有明显特点的人群。关于民族和族群的区别，中国的学术界至今仍有一些争议，我们在这里就不细说了。

---

① 英语为 Race。
② 英语为 Ethnicity，也有人译为"族类"。
③ 英语为 Nation，也可以译为"国家"。

全世界由于种族和族群的不同引起矛盾，最后发展成暴力冲突甚至兵戎相见的并不少见。例如西欧和北美国家里的移民与当地居民之间的矛盾，前南斯拉夫几个族群之间的冲突。在南非，虽然黑人推翻了少数白人的统治，但是黑人与白人之间的仇恨从来没有停止过，黑人袭击白人、白人攻击黑人的事件层出不穷。

少数族群指的是在一个国家内生活的种族或族群，人数在比例上占少数。少数族群与主流族群之间常常存在着矛盾和冲突，背景资料一和二是众多事件中的两个典型例子。少数族群和主流族群如何相处呢？社会学家总结出了以下四种不同的关系。

第一种是"多元关系"，是指少数族群具有独立性，同时享受平等待遇。少数族群尽管在总人口中不占多数，但是他们保持自我，以自己文化传统为荣，有明显的凝聚力。在多元化体系里，各族群各自为政、和平共处、相安无事。

在过去，人类社会中存在着许多族群不平等现象。例如，中国历史上遭受过多次外来民族的入侵，汉族人成为二等、三等甚至四等公民，处处受歧视和压迫。随着大工业的发展，一部分族群压迫另一部分族群的现象逐渐减少了。美国是世界上族群最多的国家，这是因为美国是一个由殖民和移民产生的国家，族群和文化不可避免地多元化。许多移民虽然到了美国，但是仍然保持着家乡的文化，形成国中国、城中城。在加州的洛杉矶和旧金山，得克萨斯州的休斯敦，伊利诺伊州的芝加哥和美国第一大城市纽约，均有规模巨大的中国城。在中国城里，许多移民美国的中国人一辈子只讲中国话、吃中国饭、逛中国店。如果你身处这些中国城，根本体会不到是在美国，仿佛又回到了熟悉的中国。瑞士是多元化的成功典型。该国有600万人口，有德国裔、法国裔和意大利裔组成。他们拥有各自独特的文化，保持各自的语言，在经济上平等，能够和平共处。

第二种是"熔合关系"，是少数族群逐渐接受主流社会的文化，包括文明礼仪、价值观念、生活方式等方面。美国素有"大熔炉"之称，虽然在美国有许多国中国、城中城，但是很多移民，特别是第二代以及第二代以后的移民，逐步熔入主流社会。熔合理应是一种互相影响的过程，但是在美国，熔合则表现为主流社会占上风，少数族群被瓦解和熔合。

美国的第一位华裔州长、商业部长、驻华大使骆家辉是第三代移民，不会说中国话，除了外表还保留着中国人的特征以外，他的思维方式、文化价值观、生活习惯已经基本美国化了。在美国，有人戏称美国出生的华裔叫做"香蕉"，即黄皮白心。骆家辉曾经感慨地回顾自己年少时，如何想做"标准的美国人"而"挣扎摆脱中华文化"的心历过程，整个青少年时代，他同时面对老师要求的"美国化"和父母的"努力往回拉"。他希望自己午饭不要再带米饭，希望母亲能和美国同学的母亲一样，为自己烤苹果饼，挣扎是很痛苦的。

中国历史上曾多次被外来民族入侵（例如南北朝、五代十国、辽、金、元和清），外来民族带来自己的文化、价值观和生活习俗。令人想不到的是，这些外来民族非但没有同化中华民族，反而被中华民族所同化。这是因为中华民族代表着先进的文明，且人数众多，经过数代的通婚，最后将外来民族同化。总之，同化是弱的一方被强的一方所熔化成为一体。

第三种是"隔离关系"，如过去的南非和美国，黑人与白人不能同校读书，不能在同一个地区居住，许多公共设施分为专为白人使用和专为黑人使用。美国的少数族群反对隔离化政策，为消除不平等现象抗争，经过艰苦的斗争，终于赢得了主流社会的认可。上世纪五十年代开始，美国在法律上废除了种族隔离，明的和公开的种族隔离在美国不存在了，但是种族间的隔阂和隔离并没有随之消除。美国仍有许多地区，如纽约、芝加哥和新奥尔良大城市，黑人和拉丁裔人高度聚集，生活条件恶劣。

第四种是"武力镇压关系"，是处于强势的族群动用武力压服弱势的族群，如果处于弱势的族群不肯俯首听命，强势的族群就把弱势族群消灭之。处于强势不一定指在数量上的多寡，当年伊拉克萨达姆领导的逊尼派只占总人口的百分之二十，而什叶派和北部的库尔德派是人口的多数派。但是老萨凭借手中的军队，硬是把多数人压服了。什叶派和库尔德派后来掌了权，扬眉吐气地把老萨判了绞刑。

武力镇压最严重的情况是种族大屠杀，在人类历史上，此类事件时常发生。当年蒙古人入侵中原时屠杀了3,500万汉族人，根据有的学者的研究，实际数字可能更高，达到8,000万人以上。蒙古人多次西征，凡有抵抗即屠城，共屠数百城。

欧洲人到达美国这片新大陆，对当地的原住民印第安人采取屠杀政策，幸存者所剩无几。二次大战中希特勒对犹太人进行灭绝人性的大屠杀，在臭名昭著的奥斯威辛集中营，新到的犹太人经过挑选，可以做苦工的男性会被送到苦工营，其他人则会被送到毒气室。整个二战中，大约580万欧籍犹太人被纳粹德国杀死，约占欧洲犹太人人口的三分之二。

族群间的矛盾，主要是由于不同的族群之间存在偏见和误解。那么为什么会有偏见呢？偏见的根源在哪里呢？社会学家有以下几个理论来解释偏见和误解。

"替罪羔羊理论"认为，主流族群中的有些成员在事业上不成功，他们心里充满了愤恨，把愤恨指向少数族群。由于少数族群处于弱势，没有多少能量，特别容易成为替罪羔羊代人受过。

德国在一次大战中战败，人民生活极为贫困，人民普遍对现实不满。希特勒和纳粹成功地把德国人民的怨恨转移到犹太人身上，使德国人民相信，德国的战败和他们目前的灾难都是犹太人造成的，只要把犹太人消灭，德国人民就可以过上好日子，德国就能重新强大。希特勒执行的绞杀犹太人政策得到了广大德国人民的支持。

"权威性格理论"认为，极端的偏见会发展成为一种性格，叫做"权威性格"。如果一个人对某个少数族群表现出强烈的偏见的话，他对其他少数族群也会表现出偏见，称为拥有权威性格的人。他们固守传统的价值观，坚信传统的道德观，具有种族优越感，对上巴结、对下苛刻、倾向把他人归类，他们服从权威、严格遵循、难以容忍歧见。这样的人一般没有受过多少教育，容忍度较低，会对他们认为比他们低等的族群表现出仇视和偏见。

"文化理论"认为，偏见不仅仅见于个人，有的时候偏见是一种社会风气有文化根源。美国人一般对来自英国、加拿大和苏格兰的后裔看法比较好一些，而对黑人和亚裔另眼相看。中国人当中也存在着种族偏见，中国姑娘嫁给白人，周围的人能够接受；要是嫁给非洲的黑人、印度人和中东人，接受程度要相对低一些。在莎士比亚时代，当时的人们对犹太人的看法不太好，所以莎士比亚的作品中（如《威尼斯商人》）有不少对犹太人不利的描写。这种广泛的偏见和歧视表明，偏见不仅仅是个别人的行为，而且在广大民众中颇有市场。

"冲突理论"认为，偏见来自不同族群的斗争和冲突，变成了意识形态的工具，达到压迫少数族群的目的。美国的不少民众对非法移民抱有偏见，认为偷渡客作苦工，拿低薪是天经地义的事。按照马克思的观点，对少数族群的偏见有利于统治阶级分裂无产阶级。统治阶级成功地转移了人民的注意力，使得无产阶级不能联合起来反对资产阶级。

替罪羔羊理论认为，有些人事业不成功把愤恨指向少数族群；权威性格理论认为，极端的偏见导致对少数族裔仇视；文化理论认为，偏见成为社会风气有文化根源；冲突理论认为，偏见来自不同族群的斗争和冲突，统治阶级转移了人民的注意力。

上面的几种理论谁是谁非呢？欲知正确答案，且看最后一章分解。

# 宗教有什么作用

背景资料一：世界上几个主要宗教的信仰人群分布如下：基督教信徒大约有20至22亿人，大多分布在欧洲和美洲。伊斯兰信徒大约有16至17亿人，主要分布在中东、北非和亚洲。印度教徒大约有8至10亿人，一般分布在南亚。佛教徒大约有4至15亿人，分布在南亚等地。道教和儒教信徒约有4至10亿人，分布在东亚等地。

背景资料二：中国的寺庙修建热和信教热现象屡屡出现。2007年第6期的《瞭望东方周刊》公布了一项调查，估计中国有信仰的人口达3亿左右。这一数字大大高于官方以往说的"约1亿人信教"的说法。

从以上的背景资料，我们可以看出，信教的人数占人口的比例不小。宗教是一种信仰，不是建立在常识和科学基础之上的，我们无法用常识或科学的办法去证明其正确性。基督教相信上帝的存在，相信耶稣曾经死而复活，这些都是无法用科学的办法证明的。人死了又复活，用我们了解的常识来解释很困难。中国人有一种说法，叫做"信则灵"，用来解释宗教的信仰挺合适。

社会学研究宗教，并不对宗教进行对错判断，更不是为了批判或赞扬某个宗教，是为了更好地理解宗教，理解宗教行为对社会带来的后果。尽管社会学家对后果可能有正面的肯定，或者中性评论，甚至负面的否定，社会学家从来不会对某个宗教的信念进行评论。

那么宗教对社会有哪些作用呢？社会学家的回答是不一样的。有的社会学家认为，社会本身有点像上帝，人会死，但是社会却永远存在，人们创造出宗教，为的是崇拜令人敬畏的社会。

他们认为，宗教有以下几个作用。首先是凝聚作用，通过把某些日常生活的事物神化，变为图腾来崇拜，从而达到团结人民的目的。中国的龙其实是一种图腾，中国人对龙的崇拜已有数千年了，在龙的旗帜下，聚集起各方的中国人。美国的钱币上印着"我们相信上帝"，从某种意义上说，也是一种图腾，体现了美国人认同基督教信仰。基督教起着凝聚的作用，美国的总统发表演说，最后一句常会讲，"愿上帝保佑美利坚"，也有这一层意思。

第二是社会控制作用。每个社会需要加强社会的同一性，宗教可以使社会习俗、道德和规范合法化。长期以来，中国奉行"独尊儒术"的政策，"儒术"实际上是一种宗教，所以有人把儒家思想称为儒教。中国的皇帝依靠儒教统治中国，以天子自居号令天下就是一例。

宗教的第三个作用是使人活得有意义。人类面对疾病、死亡和灾难等不幸，常常感到无能为力。宗教能使人的心得到平安，能使人有勇气去面对不幸。

但是也有社会学家对于该理论不以为然。他们认为这一理论只强调宗教的积极作用，却忽视了其消极的作用，尤其是破坏性的作用。历史上曾发生过宗教打压先进科学思想的事情，天主教曾宣判坚持"日心说"的哥白尼有罪。这些社会学家对宗教持否定意见，把社会的不平等与宗教信仰联系在一起，宗教实质上一种意识形态，是为统治阶级服务的。宗教力图使人们安于现状，接受不平等的现象，不参与革命，不试图推翻统治阶级。宗教把人的注意力引向虚幻世界，使人们的注意力转到死后的生活，从而忽视当前所受的压迫。马克思曾一针见血地指出，"宗教是被压迫者的叹息、是无情世界的情感，无灵魂状况中的灵魂。宗教是人民的精神鸦片。"

宗教大多主张男人主宰世界，如基督教、天主教和伊斯兰教。宗教对现今社会中存在着的大量男女不平等现象，有着不可推却的责任。基督教势力强大的西欧国家，过去曾打着"改变异教信仰"的旗号，粉饰它们对非洲、亚洲和美洲的殖民侵略。美国南方的主要教会曾公开支持白人，宣称黑人奴隶制符合上帝的旨意。总之，这一理论认为宗教使社会的不平等现象合法化。

还有一派社会学家认为，人类创造宗教的目的，是使社会生活方式合法化和稳定化。由于社会存在着天生的不稳定性和多变性，必须有一种力量来维护社会的稳定。举婚姻为例，一般的人视婚姻为两个人之间的一种承诺和约定。由于婚姻只是两个人之间的事，所以离婚也就不是什么大不了的事，现代社会中离婚率居高不下，说明了这一问题。但是如果把婚姻定义成"神圣的婚姻"，会对夫妻双方施加了巨大的压力和影响，在教会圈子里，人们不轻言离婚。如果双方想离婚，教友们会对双方做思想工作，极力挽救婚姻。当社会规范把有些行为定义为"罪恶"，会达到更严格的控制目的。

宗教有凝聚力的作用和社会控制的作用，宗教可以使人活得有意义，马克思主义认为宗教是人民的精神鸦片，还有人认为宗教使社会生活方式合法化和稳定化。

以上几种观点谁是谁非呢？欲知正确答案，且看最后一章分解。

# 宗教会消失吗

背景资料一：据《世界基督宗教百科全书》和《国际宣教研究公报》的统计，现在全世界信仰各种宗教的人数已达50亿人，占世界总人口比例的85%，其中基督徒约占22亿人，为世界总人口的1/3，雄踞世界宗教之榜首。

背景资料二：2009年10月，美国芝加哥大学的研究所发表了关于全球宗教发展趋势的分析报告。报告指出，随着总体上的日益现代化，尤其是受教育水平的提高，各国信仰宗教和参加宗教活动的人数呈下降趋势。在过去半个世纪里，美国宗教向着世俗化的方向发展。1900年基督徒占欧洲人口的71%，而到2000年这一比例降至28%。

近些年来，国内流行一种观点，认为全世界宗教进入一个新的高发期，其势头日益强劲，信教人数持续增长，如背景资料一所示。不过该观点的根据来源于宗教研究专家，他们以宗教界发布的数据，作为宗教发展趋势的评估，其客观性受到了质疑。有的人认为，尽管在中国和一些落后国家信教人数呈上升趋势，在发达国家宗教界遇到了世俗化的巨大挑战。

世俗化是西方宗教社会学提出来的理论概念，主要用来形容现代社会中发生的一种变化。过去宗教在现实生活中无处不在，具有深远的影响。现在宗教却退缩到一个相对独立的领域里，与政治、经济和文化等方面逐渐远离。世俗化的根源在于人类越来越重视科学，科学在现代社会的地位日趋上升，导致宗教对人类的影响力逐步萎缩，以信仰为基础的宗教社会被以实证为基础的科学社会所取代。背景资料二所显示的情况说明了这一点。

创立进化论的达尔文如果坚信上帝创造了人类，他即使发现了种种进化论的迹象，不会也不敢提出进化论的学说。如果哥白尼跟随当时的潮流，他不会提出与基督教信仰相抵触的"日心说"而遭到教会的迫害。这些先驱们相信科学，在科学研究中坚持以实证为基础，摈弃了没有科学根据的宗教信仰，才能够突破思想禁锢。这是为什么呢，因为他们生活在人类已经开始用科学推理的方法来理解自然的时代，而不是生活在人类早期愚昧落后的时代。

对于宗教影响力日趋减小的形势，连宗教界也不得不承认这一点。那么，宗教会随着现代化进程消失吗？为了回答这一问题，我们不妨看一看宗教的发展史，了解它的过去，观察它的现在，可以预知它的未来。

人为什么会信教呢？人信教有三个决定因素。人是否倾向于接受宗教的教义与人的社会地位有关，有些宗教的教义反映了人们的现实情况，所以具有吸引力。社会的变革使得人们失去了归属感，人们寻找属于自己的"组织"，人皈依某个宗教与人的需要和愿望相关。

以早期的基督教发展史为例，基督教出现在巴勒斯坦外围时，正是一个强大的罗马帝国形成的时代，传统的本地文化和组织受到了破坏，需要建立新的文化和组织来应对产生的混乱，基督教应运而生了。早期皈依基督教的人们，主要来自于中下层的社会成员，后来穷人和上层社会的成员逐渐多了起来。

到了近代，三个决定因素的说法仍然得到证明。曾有人对纽约的移民中信教的问题进行研究，发现许多新移民信了教，原因是他们离开了祖国，远离了亲朋好友，来到了全新的地方感到孤独，在新的环境中受到不公正的待遇，所以期望在信教中得到解脱。

当然信教不是解脱困境唯一的出路，革命运动（如曾在世界范围内造成巨大影响的无产阶级革命运动）也是穷苦民众寻求的出路之一。西方的一些社会学家把马克思主义的无产阶级革命运动与宗教相提并论，因为无产阶级运动不但提出新的理想和观念，而且使人们在组织上找到了归属。在这些社会学家看来，从某种意义上说，革命党和教会差不多。

宗教一般有比较完整而又严密的组织。天主教的人员安排从教皇、枢机主教、大主教、主教到教父有多个层次，从全球天主教会、枢机团、圣部、主教团、教省、教区到堂区有数个层次。

人生活在社会中，属于各种不同的社会组织机构。在落后的社会里，社会机构简单，宗教机构与社会机构的矛盾并不明显。现代社会中，社会机构相当复杂，宗教与社会之间的矛盾不可避免。

宗教不得不采用两种方法解决困境：妥协包容市俗或者坚持宗教理念抵制市俗。在罗马帝国时期，基督教在四个方面做出了妥协。在家庭生活方面，接受婚姻但是提倡尊崇禁欲和独身。在政治权力方面，承认现行的政权，但是不看重政治权力。在经济生活方面，接受打工和经商，承认这是人生存必须的手段，但是强调经济利益对人的灵魂有害。在学习和认知方面，接受理性化和学习知识，但是只是选择性地接受，基督教只接受与其信仰和价值观不冲突的那些科学知识。

由于妥协包容市俗和坚持宗教理念抵制市俗的差异，宗教出现了分歧，形成教外有教，教内有派的局面。社会学家把宗教分为以下几类："教会"[①]、"政教合会"[②]、"宗派"、"教派"和"膜拜团体"。[③]

"教会"指的是正统的溶入社会的宗教，存在的时间一般比较长，有悠久的历史，有正式的组织机构，如罗马天主教、基督教和伊斯兰教。"政教合会"指的是与政治相连的宗教，政教并不分离，宗教有着巨大的政治权力。"宗派"是宗教的派别，并不与政治联姻，实现了政教分离（如美国的路德教、浸礼会和卫理公会）。

---

[①] 英文是 Church。
[②] 英文是 Ecclesia，该词与前面讲的 Church 有区别，但是在中文中还没有找到相应的词。暂译为"政教合会"。
[③] "宗派"的英文是 Denomination，"教派"的英文是 Sect，"膜拜团体"的英文是 Cult。

"教派"指的是一些宗教组织，它们不像教会那样稳定，溶入主流社会的程度也不如教会高。

最后一类是"膜拜团体"，又被称为"边缘宗教"，规模较小，制度化程度较低，由魅力型的教主领导，有的采取秘传方式或封闭式活动，更有甚者，少数派别走向极端，对社会造成伤害。这一类组织最不稳定，溶入主流社会的程度就更低了，美国的"摩门教"属于此类组织。有些中国人把此类宗教派别叫做"邪教"。西方社会持谨慎态度，如果此类教派违反了法律，司法部门会出面与之对簿公堂，追究法律责任。如果他们只是限于信仰内的活动，政府一般不会干预，不轻易扣上邪教的帽子。

工业革命和信息革命使人们重视科学，抵消了宗教的影响，越来越多的科学发现证明上帝创世论没有根据。在日常生活中，人们越来越多地依靠科学，而不是宗教。人生了病不再会求上帝，而是到医院里去看医生。但是科学只能解决如何理解自然的问题，却不能解决人类的思想问题。无论科学有多大的作用，在许多方面，宗教又是科学技术不能取代的。

一方面科学的发展不断地削弱宗教的影响，另一方面科学技术的发展使得人类面临许多新的问题，给人类带来更多的困惑，需要宗教信仰的解脱。两者的相互作用，使得宗教的前景存在着许多变数。所以尽管宗教的影响力日趋下降，人类告别宗教的日子还没有到来，在将来较长的一段时间内，宗教还将继续存在发挥作用。

这种观点是否正确呢？欲知正确答案，且看最后一章分解。

# 人改变社会，还是社会改变人

**背景资料一**：2011年8月27日，江苏如皋交警接到报警，一辆大巴撞倒一名老人后逃逸。面对警方调查，这位石姓老太称，撞倒她的是司机殷红彬。而司机所述则完全相反，他是救死扶伤助人为乐。后来，通过调阅监控录像，警方发现正如殷红彬所述。真相大白后，受伤的石老太全家倍感内疚。如皋市已为殷红彬申报南通"见义勇为好司机"。

**背景资料二**：2007年，成都某勘测机构员工丁新义压伤左手大拇指后，到当地某医院住院治疗13天，出院时院方出具的《住院病人药品及医疗服务费用明细清单》上，3张单据中近2张、整整67小项的化验项目把他吓了一跳：其中包括Rh血型、ABO血型、凝血酶时间、梅毒螺旋体特异抗体、丙型肝炎抗体等测定，治疗项中还有20多元的心理咨询费。区区一根手指受伤需要做60多项检查，还要查梅毒。

近几十年来，中国的经济获得了举世瞩目的成就。不可否认的是，社会风气每况愈下，社会道德急速滑坡。各地"彭宇案"翻版频现，医疗界丑闻不绝，学术界造假不断，官员腐败案层出不穷，有毒食品屡屡祸害民众。这些都是社会道德丧失、信任危机加剧的体现。面对令人担忧的社会现象，尽管民众对此感到不安甚至愤怒，却束手无措。

人类创造了社会，社会风气的形成非一朝一夕，可是既然是人创造了社会，为什么人对社会风气却又无能为力呢？我们来看一看社会学家是如何解释人与社会之间的关系的。

第一种观点认为，"人受制于社会"，人类是由社会塑造的。社会包括物质的和思想的社会关系，人生活在复杂而具体的社会关系中，被深刻地打上社会关系的烙印，人在本质上是"一切社会关系的总和"。在诸多的社会关系中，物质关系（特别是生产关系）是最基本的社会关系，物质关系决定着人们的思想关系和其他关系。人类认识自然和改造自然的活动，从来都是依靠整体的、社会的力量，这种活动不是个人的任意活动，而是各种各样的社会性活动。

现代社会不但不为人类服务，反而奴役人类。社会现代化的实质是制度的理性化过程，制度和效率至上、生产至上，结果所有的人都不可自制地跟随机器的节奏起舞，并被物质产品牢牢控制。人在现代社会中，就像是一台永不停息的机器上的一颗小镙丝钉，机械地运动着。轰鸣的机器和严密的制度组成了一股不可抗拒的力量，将现代人牢牢围困。理性的过度发展，使它对人的主宰走到了非理性的反面。

社会客观存在，独立于个人，所以能够影响个人。社会由一系列结构组成，人类生活在社会中，人的思想、行为、情感必然受到影响。社会的力量在于它独立于我们先期存在，不仅影响我们，而且在我们死后，影响仍然存在。个人通过社会化过程，把社会的外因变成个人的内因，对我们个人施加影响。无论是人还是物，都是自然世界的一部分，社会和自然界的变化都受着同样原则的支配，人的行为是由社会事实决定的。坚持这一观点的社会学家认为，人类深受社会的影响，似乎对社会现实无法有所作为。

另一种观点则认为，人的社会化是人适应社会生活、承担社会角色的过程。在这一过程中，人学习知识和技能，学习接受社会文化和社会认同的行为模式，从自然人变为社会人。社会化的另一个含义是，人通过学习社会行为模式，培养合格的社会成员，延续和传递社会文化，所以社会化实际上是个人与社会相互作用的过程。

人的社会化基本完成以后，并不意味着这一过程的终结，人的社会化是终身的事情。由于年龄变更、职业变化、社会变迁等原因，人不得不去适应新的社会情况和新的社会规范，接受新的价值观念，掌握新的技能。

从个人的角度看，随着个人的变化，如结婚、生子、工作变动，个人需要重新学习技能，重新确立自己的价值观，以适应新的角色。从社会的角度看，由于急剧变化的现代社会，人们必须不断地适应新环境，接受新的价值观和新的社会规范，调整自己的思想意识。

社会化还包括反向社会化，人在社会化过程中，不仅仅是被动地接受社会的教化和影响，社会化是个人与社会的互动中实现的。当人们接受社会的影响时，也以其自身的能动作用，对其他人和对社会发生影响。年轻一代的创新对老一代人形成反作用，老一代人向新一代人学习是逆向社会化的过程，人并不是被动地受制于社会，同样也可以反过来影响社会。

目前社会风气每况愈下的状况，是人对曾经具有良好风气社会的作用造成的，社会风气发展到令人痛心的地步不是一蹴而就。既然人可以把社会风气引向邪恶的方向，那么人也可以重新把社会风气引回好的方向，人在社会改变中，不是无能为力的。

坚持"人受制于社会"的社会学家有一个共同的特点：他们都是属于宏观学派（包括和谐派和冲突派），他们的注意力放在社会的宏观方面，人对社会的作用不是他们的关注对象，所以他们自然而然地得出"人受制于社会"的结论。认为"人可以影响社会"的社会学家属于微观学派，他们的注意力放在人与社会的互动方面，所以对人与社会的关系比宏观学派乐观一些。

以上两种理论谁是谁非呢？欲知正确答案，且看最后一章分解。

# 有普世价值观吗

背景资料：纽约华埠一位华人母亲育有一个 5 岁女儿。2010 年末的一天，小女孩不听话，母亲用竹尺抽打了她，第二天孩子到幼儿园上学，老师发现她身上有伤痕，于是询问她发生了什么。老师得知是家长暴打所致后，报告了儿童局和警察。当天下午，孩子的家长去学校接人，发现孩子已经被儿童局带走。在美国，家长打自己的孩子也犯法，为了保护孩子，将由儿童局送交其他家庭领养。警察也于当天逮捕了母亲。这位母亲没有合法身份，现在面临被移民局递解出境的命运。

对于中国人，父母教训子女施加棍棒并不是稀罕的事情，中国有一句俗语叫做，"棍棒下面出孝子"。儒家文化为这一说法增添了理论上的支持，"父为子纲"的意思是，孩子必须服从父母。几千年来的儒家思想的熏陶，使得许多中国人认为，这一说法是理所当然的。

而殴打孩子在许多西方国家是违法的行为，像背景资料一中的那位中国母亲那样，出国定居的中国父母，因为不了解西方国家的法律教育孩子不当，遇到麻烦的不止一个。

对于上面例子中提到的差异，社会学家和人类学家把它们归结为文化差别。文化的范畴很广。比较常见的定义是：人类在社会历史发展过程中，创造的物质财富和精神财富的总和，文化包括人们的信仰、价值观。世界上存在着不同的文化，如中国文化、美国文化、东方文化和西方文化。各种文化之间存在着许多差别，对于如何认识和对待这些差别的问题，社会学和人类学归纳出两种不同的做法。

"种族中心主义"[①]坚持用自己的文化标准来衡量其他的文化，每个人都有种族中心主义的倾向。中国人习惯用传统的方法教育小孩子，对西方人教育小孩子的方式，免不了不屑一顾。我们会说他们对小孩子太放任自流了。

在一些阿拉伯国家和非洲国家，法律允许男人娶多名妻子。尽管"二奶"和"小三"的现象在中国很常见，但是法律上是不允许娶妾。曾有一位中国姑娘嫁给了一位非洲的黑人小伙子，结果随丈夫到人家的国家一看，自己只能排老三，丈夫早有大老婆和二老婆在家等着，心里受不了。这种情况是典型的种族中心主义，这位中国姑娘用自己的文化、自己的价值观和道德观去看待人家的文化。

---

① 英文是 Ethnocentrism，也有人译为"民族中心主义"，"文化中心主义"。此处采用直译法，译为"种族中心主义"。

种族中心主义是双向的，我们可以认为别的文化有问题不能认同，别人也可以认为我们的文化有问题不能认同。这就使不同文化之间的相互理解增加了困难。

"文化相对主义"（也译为种族相对主义）从其他文化的角度去理解不同的文化。要做到这一点会有一定的困难，它不仅要求我们对其他文化有深刻的理解，而且需要暂时放弃我们已经熟悉和习惯的理念、价值观和思想方法。

上面举的一夫多妻制例子，该国法律对于现在的中国人来说是不可思议的，但是这是人家的习俗和法律，我们不应该说三道四。周瑜打黄盖，一个愿打一个愿挨，关我们什么屁事呢？其实在过去的中国，三妻四妾也是合法的，只是到了中共建政后才被废除。对于人家目前还在实行的一夫多妻制的做法，我们能做的只能是暂时放弃我们衡量对错的标准，从别人的角度来思考这些现象。

由于科学技术的发展，各国之间的交流越来越多，各种文化之间的接触越来越频繁，这就使得世人相互理解成为必然。不少在中国的外国公司由于水土不服，不得不关门大吉，就是因为不能理解中国的文化。

文化相对主义也有问题。中国人在家里打孩子和打老婆是家里的事，不关外人什么事，这样做在中国是有理论根据的，这就是儒家的"夫为妻纲"和"父为子纲"。西方人应该理解和尊重中国人的文化，不应该说三道四、多管闲事。可是这样一来，中国的孩子和女人的权力得不到保障，要是遇到不讲理而且残忍的父亲和丈夫，小孩子和老婆的生命就难保了。这样的情况就不是一个简单的家事了，而是一个社会问题了。

在伊斯兰国家里，女人红杏出墙会被处以乱石砸死的酷刑。这样的刑法严重地损害了妇女的权力和生命，我们是否因为这是他们本国的法律听之任之呢？如果回答是肯定的，那么当年希特勒在本国内残害犹太人，是否也可以看成是他们国内的事可以听之任之呢？当年的南非政权搞种族隔离是有该国的法律支持的，我们是否应该尊重他们的法律和主权听之任之呢？如果我们批评他们的政策，是否是干涉人家的内政呢？

再推而广之，非洲的一些国家内乱不断，政府军和反政府军连年战火，外人该怎么办呢？不管吧，当地的人民受苦。管吧，这是人家的内政，外人派兵去制止会有侵犯人家主权之嫌。

现在的问题是，既然同为人类有没有一个人类普遍接受的行为准则，可以让人们可以遵循呢？如果回答是肯定的，那么这一所谓的普遍接受的行为准则是什么呢？

普遍接受的准则指的是人们没有争议而一致同意的事。"一加一等于二"是普遍接受的数学规则，没有人会有异议。如果在一个国家，一加一等于二，到了另一个国家一加一等于三，"一加一等于二"就不能叫做普遍接受的数学准则。

中国曾流行一种说法，叫做"马克思主义是放之四海而皆准的真理"，可是中国又有一种说法，叫做"马克思主义必须与本国的实践相结合"。这就是说，马克思主义必须经过修改和变化，才能适合具体的国家。苏联采用"城市暴动夺取政权"的方针，但是这一套在中国却行不通，中国采用了"农村包围城市"的道路。

我们还是来看看社会学家是如何回答这一难题的。"结构功能主义"把文化看成是一个相对稳定的系统，其稳定性来源于文化的核心部分。该部分的文化内容一般是比较稳定、不轻易变化的，这是理想主义的部分，是社会稳定的条件。

过去的中国受儒教的影响，奉行"三纲五常"。"三纲"讲的是社会权力的秩序，子服从父、父服从臣、臣服从君，"五常"讲的是社会上人与人之间的行为准则，即父义、母慈、兄友、弟恭、子孝。"三纲五常"为维护中国的社会稳定，做出过巨大的贡献。

当西方国家的文化与中国的古老文化发生冲突时，我们的先人顽强地抵御西方思想的入侵，靠的是儒教的"三纲五常"。"五·四"新文化运动，旗帜鲜明地提出"打倒孔家店"，试图挣脱封建思想的统治，"三纲五常"受到了批判。由于失去了维护稳定的文化内核，中国的社会进入了动乱的年代，思想产生了混乱。现在有人开始反思当时"五·四"运动提出的反对儒教、反对孔夫子的做法。

结构功能主义认为，文化是用来满足人类需要的。由于世界上的各种文化是由同一个人类创造的，各文化中应该有一些共同的成份。在比较了世界上数百种文化以后，有人在上世纪的四十年代发现了人类文化中许多共同的东西。

一个最明显的例子是宗教。在许多文化中，宗教是重要的内容，例如中国有儒教、道教和佛教，西方国家主要有天主教和基督教。尽管各个宗教有很多不同，但是神是各个宗教里面共有的东西。

另一个例子是家庭。无论在世界的哪个地方，家庭都充当了一个重要的角色，家庭是维持人类繁衍生息和抚养下一代的最基础的社会单元，在维持社会稳定方面，起着至关重要的作用。

在语言方面，各个文化也有许多异曲同工的现象。例如我们中国人说"棍棒之下出孝子"，英语中有"省了棍子，宠坏孩子"的说法。中国人说"说曹操，曹操到"，而英语中有"说鬼，鬼到"的类似说法。

总之，世界各国的人民同属一个人类，各种文化之间有相同的东西，但是满足人类需要的方法多种多样，世界文化也是多种多样，差别很大。结构功能主义倾向占主导地位的文化，忽视非主流的文化，其主要问题是，它强调文化的稳定性，忽略文化的变革。因为结构功能主义的理论本身是一个强调社会稳定，排斥变革的一种理论。

"冲突理论"认为，文化应从社会的不平等现象入手来分析，文化中的价值观和道德观为某些人群的利益服务，同时却损害另一些人的利益。为什么有的价值观和道德观占主导地位，是什么样的力量使这些观念占据了统治地位呢？这是由经济基础决定的。资本主义文化使人们相信，富人和有权势的人群是有能耐的人，因此他们理应享受更多的财富和特权。资本主义的文化是为维持资本主义的体系服务的，是为富人和特权阶层服务的。

价值观和道德观是为统治阶级服务的。处于统治地位的阶级会极力推行符合本阶级利益的价值观和道德观，维护本阶级的统治。统治阶级和被统治阶级之间有着不可调和的矛盾，有着不同的利益，有着不同的价值观和道德观，它们之间很难有共同点。文化、价值观和道德观为统治阶极服务，造成了社会不平等，被统治阶极力图改变现状，因而暴发革命推动社会的前进。冲突理论强调不平等，强调社会变革。

还有些社会学家把人的社会行为与基因联系起来，创立了"社会生物学"，达尔文的进化论对该理论有重要的影响。该理论认为，人类的社会行为在"物竞天择，适者生存"的进化中得来的，是自然选择的结果。一夫多妻制在许多文化中盛行过，甚至在当今的世界中，仍有不少国家允许存在。由于男女生理机制的差别，在长期的进化过程中，人类发现一夫多妻有利于人类的繁衍生息。男子的择偶采用广种薄收的原则，所以男子普遍地比较花心，拈花惹草的事在各个文化里都存在，而女子的择偶则挑剔得多。这些都是由于人类进化生存的需要。

社会生物学试图从物种的进化过程解释人类的行为，它更加关注人类各文化之间的共同点，而不是差异。

上面这些理论谁是谁非呢？欲知正确答案，且看最后一章分解。

# 人能听从良知的召唤吗

背景资料：1989年2月5日深夜和6日凌晨，东德人克里斯·格夫洛伊和他的好友克里斯汀·高定试图翻越柏林墙逃往西德。不幸的是，他们被东德的边防军发现。因格·亨里奇与另外三名卫兵开枪射杀了格夫洛伊，并打伤了高定。高定受伤后被捕判了刑，四名卫兵因功获奖。天有不测风云，柏林墙很快就倒塌了。两年后，卫兵因格·亨里奇因为杀人罪而受到审判。他的律师辩称，他仅仅是执行命令，根本没有选择的权利，罪不在己。法官则指出：东德的法律要你杀人，可是你明明知道这些逃亡的人是无辜的，明知他无辜而杀他，就是有罪。作为警察，不执行上级命令是有罪的，但是打不准是无罪的。作为一个心智健全的人，此时此刻你有把枪口抬高一厘米的主权，这是你应该主动承担的良心义务。

当一个人面临命令和良知的选择时，该如何做出决断呢？一边是上司的命令，一边是追求光明而无辜的公民，卫兵英格·亨里奇面临的是一个大难题。为了理解此类问题，美国的一位心理学家在1961年做过一个实验。这就是有名的"权力服从实验"（也译作米尔格伦实验和米尔格拉姆实验）。实验的目的是为了测试受测者，在面对违背良知的命令时，人性能发挥多少作用。

实验的参与者被告知，这是一项关于"体罚对于学习行为的效用"的实验，参与者扮演老师的角色教导一位学生。事实上学生是实验人员，也就是我们常说的"托儿"，老师和学生分处不同的房间，他们无法看到对方，但是能够隔着墙壁通过声音进行沟通。老师有一个电击控制器，能使隔壁的学生受到电击，如果学生回答正确，老师会继续测验，如果学生答错了，老师会对学生施以电击，电击的电压随着学生错误的增加而升高。当学生被电击后，会大喊大叫，甚至敲打墙壁。

当参与者试图停止实验时，实验人员会依照以下顺序这样命令他：一。继续；二。这个实验需要你继续进行；三。你继续进行是必要的；四。你没有选择，你必须继续。如果听到四个命令后，参与者仍然希望停止，实验便停止。否则，直到参与者施加的惩罚电压提高到450伏特并持续三次后实验才停止。

在进行实验之前，那位美国的心理学家以为只有少数几个人会狠下心来继续惩罚，直到最大电压。结果在实验中，65%的参与者都达到了最大的450伏特的惩罚极限。后来他和其他心理学家做了类似的实验,结果都差不多。

这位心理学家认为,在法律和哲学上有关服从的争论很重要,但是法律和哲学很少谈及人们在遇到实际情况时会采取怎样的行动。以上的实验告诉我们,当普通人面临良知和命令相悖的窘境时,人们会选择听从命令,而不是抗拒命令跟着良知走。

还有一个问题与此有关,叫做"团队思考"[①]问题,指的是团队在决策过程中,团队成员倾向与团队保持一致,结果整个团队缺乏不同意见,无法进行较客观的分析。团队成员不敢提出不同观点,有些成员虽然对团队的决定有保留意见,但是在团队思考的影响下会顺从团队,使团队做出错误的决定。

中国人常说"众人拾柴火焰高","三个臭皮匠顶个诸葛亮","集思广益"。不过,在团队做决定的时候,真正做到畅所欲言和集思广益还不太容易。我们看到的往往是"一致同意"和"一致通过"的现象。

一位美国心理学家对团队思考做了系统的研究。他认为,团队思考是一种思考方式,团队成员为了维护团队的凝聚力、追求团队的和谐共识,不能客观地评估其他可行办法。当团队成员建立起很强的团队精神,拥有高度的凝聚力时,他们会很在意不要分裂团队的向心力,因而不愿去挑战团队的决策。这种压力阻碍人的思想效能,使人不愿意探究真相,从而草率地做出判断,这时

---

[①] 比较流行的译法是"团体迷思",是一种意译。Groupthink 本身并没有"迷思"的意思。此处采用直译法更能反映该词的原意。

就会出现团队思考现象，显然这是团队凝聚力产生的一个负面结果。

这位心理学家研究了美国入侵古巴猪猡湾的决策过程。入侵猪猡湾的计划最早是由美国总统艾森豪威尔在任时的政府提出来的，尽管这一入侵计划已经泄密，肯尼迪入主白宫后，仍然全盘接收了计划。肯尼迪的核心圈内有人提出异议，但是其他成员充耳不闻、嗤之以鼻，甚至对表示异议的人士进行考核审查，吓得异议人士赶紧收回不同意见。

中情局的计划过于乐观，以为在卡斯特罗领导下的古巴陆军部队弱不禁风，空军乏善可陈。肯尼迪的圈内人相信了中情局的估计，整个计划建立在肯尼迪圈内人之间盲目的同感之上，无人提出疑议。猪猡湾事件的结局是众所周知的，入侵以美国的惨败而告终。

为了防止出现团队思考现象，这位心理学家提出几点建议。领导者应该引导每一位成员对提出的意见进行批评性评价，鼓励提出反对意见和怀疑；领导者在下达任务时，不发表个人意见；成立数个独立小组，对同一个问题进行探讨；对所有的选择方案进行分析；每个成员应当向可信赖的圈外人士交换意见，并将意见反馈给团队；邀请团队以外的专家与会，允许团队成员咨询专家并与专家讨论；领导应该指定一位或多位成员充当反对派角色，专门提出反对意见。

从社会学的角度来讨论权力服从实验，丝毫没有为那些因服从命令、违背良知而做坏事的人们开脱罪责的意思。正像德国的法官说的那样，一个人有把枪口抬高一厘米的主权，这是人应该主动承担的良心义务。德国法庭的判决，正是从法律的角度来解决，在面临命令和良知相悖的困境时，人们应该做出怎样的选择。

　　本章讨论服从权力现象和团队思考的问题，并提出相关的办法，它们是否有效呢？欲知正确答案，且看最后一章分解。

# 垂帘干政有理论根据吗

背景资料一：1948年下半年开始，国共双方的军事力量发生了根本变化，国民党不但在军事上、政治上连连失利，经济上、外交上也遭受严重的挫折。蒋介石宣告退位，由李宗仁任代总统。蒋介石下野之后，他在溪口建立了七座电台，控制国民党的军政事务，李宗仁空有其名。例如在军事上，掌握实权的京沪杭警备总司令汤恩伯声言，这是总裁的方案必须执行，作为代总统的李宗仁无可奈何。在经济方面，为了维持军政开支，李宗仁曾下令从台湾运回一部分银元、金钞备用，但是陈诚奉蒋介石的暗示，充耳不闻、无言抗命。最后桂系部队彻底溃败，李宗仁不得不携家人及下属飞往美国。

背景资料二：2009年1月20日奥巴马总统宣誓就职。下台总统布什和夫人已经提前离开白宫，连同他们的一切物品。当日上午10时30

分，奥巴马一家的衣服和家具准时放进了白宫，开始成为白宫的新主人。美国的总统每四年选一次，新总统上台了，卸任总统立即卷铺盖走人，不再对时政说三道四，不再对下属指手划脚。假如下台总统继续发号施令，不会有人听他的调遣。

上述背景资料里讲的情况牵涉到权力的问题。权力的定义是，尽管别人可能反抗，仍然能够达到目的的能力。权力意味着一个人，无论采取何种手段，能够超越反抗，实施自己意愿的能力，采取的手段包括武力。在混乱的年代，有枪就是草头王，超越反抗达到自己的目标靠手中的枪杆子。现在仍有一些不发达的国家，统治者通过武力迫使人民承认他们的领导权力，但是在更多的情况下，权力却并不依赖武力，如果得不到人民的衷心支持，政权是长久不了的。

这些情况涉及一个与权力密切相关的东西，这就是权威。权威并不依赖武力，是权力的一种特殊形式，命令者得到遵从并非通过强制，更多的是由于遵从者出于自身的考虑，对它表示接受。当一个人享有权威，被他命令的人们会自愿地接受他的命令。公司老总命令他的下属做某件事，不需要用刀和枪顶着下属的脑袋。学校的教授布置课后作业，不必用教鞭指着学生。社会学家把权威分为以下三种。

"传统型权威"所享受的权力，主要来自年代久远的统治。中国皇帝的权力是从做皇帝的老子、爷爷、爷爷的爷爷那里继承下来的。朝鲜也是一例，皇权从金日成传到金正日,再从金正日传到金正恩。传统型权威讲究出生和血统,只有嫡子才能继承皇位,在中国,血统论是很有市场的,中国的宫廷史充满了太子与其他皇子的斗争。随着工业化的发展,传统型权威受到了前所未有的挑战,大大地削弱了,在很多地方已经消失了。

"魅力型权威"依靠个人的魅力,获得人们的赞同和服从。列宁、斯大林、毛泽东、卡斯特罗、甘地、马丁·路德·金、戴高乐等属于此类。魅力型权威依靠个人的威望,背景资料一里说的情况就是一例。老蒋表面下野,李宗仁当上了代总统,可是下野的前总统比在位的代总统权力还要大,许多事情没有他的点头,谁也做不了主。

"法理型权威"建立在法律规则之上,听命者遵从的并非是发令者个人的权威,而是一整套法律规定的系统。简单地说,听命者是看其位而不是看其人。如果一个人在位子上,他有权发号施令,一旦离开了位子,他就无权发号施令。今天,小布什在台上,他有权下令。人们得听他的。明天奥巴马上台了,人们都听这位黑人总统的,小布什无权再发号施令了。要不然,布什明明下台交出了权力,可是他的影响力还在,还要说三道四,甚至垂帘听政,奥巴马就不好办了。

此种权威在权力更替时比较平稳,大家认位不认人。美国总统四年换一次,每次上台都是"一朝天子一朝臣",所有的部长统统换掉,没见到美国乱了套。在这一体系里当官的人们,有充分的思想准备,有朝一日下台了不会有冷落感。人们对自己不再言听计从,不是人家势利而是政治体系的要求。

在法理型的系统里面，人人必须遵从法律规则。水门事件涉及尼克松总统，克林顿与女实习生有绯闻，即使他们是总统也毫不例外地接受调查。尼克松乖乖地辞职，要不然非被弹劾下台不可。法理型权威对应的政治权力有以下四种模式。

"权力精英主义模式"常简称为"精英主义"，理论根源是冲突理论。该理论认为，大众在能力上是不可信任的，大众不能始终如一，是一个冷淡的、政治上避而远之的群体。社会分为两个主要阶层，下层阶级及非精英，上层阶级及权力精英。人数较少的上层阶级和权力精英统治着人数众多的下层阶级和非精英。

上层阶级本身并不直接参与统治，它们通过各种组织和机构达到统治国家的目的，或者说通过参与选择和安排权力精英实现统治。权力精英手中握有巨大的权力，他们所做的决策影响着社会的各个角落，触及每一个百姓。上世纪六十年代的"导弹危机"时，美国决定应对措施的只是肯尼迪总统及其周围的少数顾问，老百姓和许多高层人士均无权过问。

权力精英指的是那些控制事务的人，是一些不仅仅在国家政权的政府机关里，而且在军事、学术、工业、宗教、文化、大众传媒和其他机构中起重要作用的人物。权力精英与过去的传统的统治阶级不一样，如果说传统的统治阶级是靠继承的话，那么权力精英靠的是组织结构获得财富、地位和权力。

权力精英会从一个领域转到另一个领域，在上层圈子里转悠。例如，第一次伊拉克战争的总指挥施瓦茨柯夫将军退役后，担任一家公司的上层，利用他在军界的老关系为公司谋利,年薪几百万美元。美国前副总统切尼在进入政界前是一家大公司的总裁,当上副总统后,与过去的商界朋友关系密切。总之,权力精英控制着社会的一切领域,普通百姓在这一模式下只有听从摆布的份儿。

"多元主义模式"基于多元主义理论,认为现代社会是多权力中心的社会,国家权力是多元化的。社会上的各利益集团相互竞争,试图扩大本集团的利益,权力的分配得到相互制约和平衡。

2011年到2013年间发生在美国的国会中经济政策的斗争是一个很好的实例。共和党代表着一部分富人的利益,要求削减政府支出,但是坚决反对增加征税,尤其反对增加富人的税率。而民主党代表着穷人的利益,主张保护帮助穷人的那部分政府支出,增加对富人,尤其是巨富的税收,用于平衡政府的收支。两党闹得不可开交。

多元主义民主的核心是决策权力的分散化,以及决策过程的多元竞争和妥协性。传统的政治民主化理论重视宪法上的分权制衡与政府内部的权力制衡,却忽视了社会上的多元制衡的作用。多元制衡是实现民主的关键环节,只有分权和多元权力制衡机制共同发挥作用,民主才能真正得到保障。

上面谈到的两种模式忽略了广大民众在政治体系中作用。"参与模式"基于参与主义理论,认为民主应该让广大公民参与政治决策。与传统的间接民主不同,参与主义强调公民更多地直接参与,而不是选出代表,由代表们在决策中作为他们的代言人。参与主义主张创造更多的机会，大量收集信息，使人们了解面对的问题、决策的过程、决策的理由、以及决策后正面的和负面的影响，使广大公民能够介入政策的制定。

参与主义认为，公民参与决策能够促进人类的发展，能够强化人们的政治责任感，减少人们对权力中心的疏远感，培养人们对公共问题的关注，有助于形成积极的、对政治事务有着更敏锐兴趣的公民。公民只有直接参与社会和国家的管理，个人的自由才可以得到实现，个人的才能才可以得到发挥。

美国的不少地方把决策权交给广大的选民是很好的范例，德克萨斯州首府奥斯汀市的轻轨建设很能说明问题。从上世纪的七十年代起，有人建议利用现有铁路发展该市的轻轨交通，到了九十年代，这一提议始终没能得到广大市民的支持。2000年再一次由选民表决，以2,000票的差额，轻轨建造计划再一次流产。支持者不得不一再缩小规模，终于在2004年得到了多数人的支持，奥斯汀的城市轻轨才开始建造。从提议到最后建成，整整花了近30年的时间，支持方和反对方动用了大量的资源，一次又一次的较量，参与决策的民众非常广泛。

以上的三种模式各有千秋，但是并不能全面地反映现实。在现实生活中，存在着上面三种模式的混合体，即"混合型模式"，更有利于民主。如果过多的民众积极参与政策制定会导致民众的冲突，因为大家都很热情参与，必然会有人不愿意让步妥协。理想的情况是一小部分民众积极参与，一部分人出于责任感适当地参与，大部分人非到紧要关头和重大问题并不积极参与。理想的民主是，公民扮演不同的角色，参与政治的热情有高有低，这样才能造就一个稳定的局面，有效地应对出现的问题。

　　传统型权威的权力来自年代久远的统治，魅力型权威依靠个人的魅力获得人们的服从，法理型权威建立在法律规则之上，听命者遵从的是一整套法律规定的系统。法理型权威又分为权力精英主义模式、多元主义模式、参与模式和混合型模式。

　　以上几种理论和政治权力模式谁是谁非呢？欲知正确答案，且看最后一章分解。

# 官僚制度利大于弊吗

背景资料：2012年12月，海军某仓库业务处干部带人维修电话线路，要战士小王买10米电话线，承诺找他报销即可。数日后小王来到机关，找到这名干部递上发票。谁知这位干部眼皮没抬一下，说道："钱太少了，过几天再说吧！"又过了一段时间，小王再次来到机关，找该干部时，被告知出差，过段时间才能回来。战友们说，钱不在多少，自掏腰包不算个事儿，总得要讨个说法。后来小王又一次敲开机关财务办公室的门，想问问能不能有别的办法。一名干部扫了一眼发票，一脸不耐烦地回道："这点小事，三天两头问，我手头上的事儿还多着呢…"到第二年的3月，小王再次来到机关。业务处那名干部出差已回，却说："这点钱，我怎么好意思找领导开口"。一名战士为报销18元钱，跑机关四趟，碰钉子四回，前后历经近三个月，最后在上级的干预下才得到解决。

普通百姓常把政府或大公司与官僚机构联系在一起。谈到官僚机构，人们免不了会联想起官僚主义。以上背景资料中提到的事情是官僚主义的明证。

有人说，"古希腊是民主制度的故乡，古中国是官僚制度的故乡。"中国的官僚制度，产生于古代大一统的专制国家，从战国开始，随着各诸侯国中央集权制的建立，中国的官僚制度开始成形。到了汉朝，官僚制度形成气候，成为君主巩固中央集权的工具。

中国官僚制的社会基础是等级制和世袭制，其实质是按人的身份差别区分官僚等级，建立在法外特权的基础上，归根结底是人治型。工业革命前的官僚制度变化并不大，这是由于建立起来的官僚文化并不注重效率，只注重维持统治。

工业革命开始以后，西方国家出现了现代官僚制度，是资本主义社会中的一种不同于封建社会的组织形式。它建立在专业分工和理性的基础上，排斥情感因素，以社会平等为前提。官员的级别差异，来自于知识和技能的差别，与人的身份地位无关。有的人提出，中国的官僚制和西方的官僚制不是一回事。

官僚制度是一种理性化设计的科层组织机构，协调众多的人员进行有效的管理工作。为什么官僚制度效率高呢？这是因为以下几个原因：

首先官僚机构具有专业化。例如美国的能源部专门管理能源事务，前能源部长朱棣文是一名华裔物理学家，获得过诺贝尔奖。美国的司法部专管法律上的事情，雇有大量的律师。律师个个是专才，有的精于打击欺诈，有的专攻反托拉斯法，有的善于处理破产案，有的专门负责儿童保护事宜。

其次，官僚机构是层级体制，所有岗位遵循等级制度的原则，每位职员受到上级职员的控制和监督。职员地位依照等级划分，下级对上级负责，服从上级命令，接受上级监督。但是上级对属下的指示与监督，不能超过规定的职能范围，上级不是太上皇，不可以胡作非为。上级在职权范围内可以命令下级，但是越出职权范围，下级可以拒绝执行上级的命令。

第三个特点是官僚制度以理性、法理为基础，依法办事。官僚制度活动是由一系列规则控制的，法律和规章制度是机构的最高权威，任何组织成员在任何情况下都要严格遵守。美国总统尼克松涉入水门事件违法了，尽管他是国家最高领导人、美国武装部队最高司令，但是美国的法律规定任何人不得凌驾法律之上，他不得不辞职黯然下台。

第四个特点是非人性化。官僚机构要求官员在处理公务时公私分明，排除个人感情，尤其是非理性的、难以预测的感情。

第五个特点是量才用人。官僚制度里的用人根据人员的专业技能和资历，不得任意解雇，升迁按个人的工作效绩而定。

美国的总统四年一任，内阁部长们随着总统的上下台，像走马灯式地频繁更换，但是副部长、处长、科长和科员却相对稳定。部里各局、各处、各科的职员有固定的职务分配，每个人有明确的权力和责任。这些人具有熟练的专门技术，真正具体办事还得靠他们，新来的部长仅仅掌握大方向而已。部长们并不能随心所欲，必须听从技术官僚的意见。

这一现象有点像一艘万吨游轮，总统是船长，各部长是大副、二副、轮机长，政府的工作人员是船员，民众是乘客。尽管船长负责驾驶万吨轮，有权决定具体的行船细节，但是他不能随心所欲地改变万吨轮的航向。船长私自改变航向的后果是严重的。2012年1月13日，意大利邮轮在该国西海岸附近触礁翻倾，造成十多人死亡，二十多人失踪。事故原因是船长擅自改变了航向。

多年来美国进行总统竞选时，候选人总是拿中国的关系说事，他们常常说一些过头话，向选民保证，如果他上台一定对中国采取强硬措施。中国人千万不要当真。因为等到他真的上台当了总统，他的那些话是无法完全兑现的。外交政策不是一个总统可以说了算的，是由许多专家商定的。克林顿竞选时狠批老布什对付中国的手太软，扬言要取消中国的最惠国待遇，他上台后，二话没说顶着来自国会的巨大压力，力主给中国最惠国待遇，比老布什有过之而无不及。

官僚制度设立的路线是不能轻易改变的，总统和部长尽管手中握有很大的权力，他们不能背离官僚制度设立的规章制度。这就是为什么美国和西方国家政权更迭频繁，国家的运行有条不紊的原因。

虽然官僚制度有这么多优点，但是缺点也是显而易见的。官僚制度过分强调机械性的组织层面，忽略人的主观能动性，层级节制削弱上级与下级的互动，导致官僚机构在处理事物时出现处事僵化、缺乏人性的现象。

第二个缺点是本位主义严重。官僚自身的利益与公共利益之间存在着矛盾，官僚集团会利用手中的权力来增加个人利益。在科层结构中，信息自下而上流动，庞大的中间层减缓了信息传递的速度。官僚制政府各部门之间很少能进行横向沟通、信息共享，政府系统被分割成了一个个的信息孤岛。这是美国反恐机构未能及时破获911事件预谋的原因之一。

第三个缺点是官僚制度的浪费和无能。如果一项工作只需要半天完成，官僚机构的人员一天内没有其他事情，这位雇员会用一天的时间来完成只需半天可以完成的工作。

第四个缺点是官僚惰性。成立一个机构容易，但是要撤消一个机构就不那么容易了，有时一个机构会尾大不掉。

第五个缺点是官僚制会变成寡头政治。官僚制度强调科层制，强调下级对上级负责，所以官僚制度缺乏民主，导致少数人大权独揽。特朗普上台后多次解雇了政府部门的要员，因为他们与他意见不合，他不能容忍。

官僚制度到底是利大于弊还是弊大于利呢？欲知正确答案，且看最后一章分解。

# 中国模特在世界舞台上能经久不衰吗

背景资料一：有"黑珍珠"之称的黑人名模坎贝尔在上世纪九十年代风靡一时。最让人难忘的是她曾在走秀时摔了个大马趴。有的人戏称，她是一摔成名。

背景资料二：2011年六月英国版的《时尚》杂志刊载了五位亚洲名模。令人瞠目结舌的是，这家专业时尚杂志竟将人名搞错，张冠李戴把杜鹃和刘雯搞混了。

自从1979年皮尔·卡丹带领八位法国模特和四位日本模特走进中国，引发了中国时装界的震动和革命以后，中国的时装界得到了迅速的发展。中国的模特不仅在中国家喻户晓，而且在世界舞台上也越来越引起人们的关注。中国涌现了如刘雯、孙菲菲、奚梦瑶、雎晓雯、秦舒培、何穗、贺聪、等世界走秀台上的知名模特。

西方的时装界变幻无穷，上世纪六十年代德国人出尽风头，到了七十年代，意大利人独占鳌头，八十年代成了英国和澳大利亚人的天下，九十年代开始，少数族裔崭露头角，如背景资料一中提到的黑人名模坎贝尔。从十多年前开始，时装风向转向了亚洲，让中国的模特和其他亚洲国家的模特有了出头的机会。

时尚潮流是一个时期内流行的风气和社会环境，是流行文化的表现，是某个时期内社会环境崇尚的流行文化，其特点是年轻、个性、多变，得到公众的认同和仿效。时尚与社会规范不同，具有很强的变化性，时尚短的时候仅持续几个月。时装是时尚潮流的一部分，而且是很重要的一部分。

工业革命前的社会，人类的服装和修饰比较传统，变化不大。各阶层的男人和女人有其各自的特点，从服饰上能看出一个人的社会地位。值得一提的是，男人和女人的一个显著差别是，女人的服饰注重包包，而男人一般不带包包，这是狩猎和采集时代遗留下的影响。远古时期的先人，男人以狩猎为生，为了方便追杀动物，男人的武器都是挂在衣服上的。而女人以采集为生，为了收集采摘的果实，女人必须带个容器，演变成了现代女性的包包。

进入工业社会后，人们开始注重服饰。这是因为工业社会中人们的社会地位变化很大，一个人的购买能力成了衡量社会地位的标志，人们用服饰来显示自己的社会地位。富人成了风向标，他们买什么、穿什么成了大家竞相模仿的对象，服饰成为炫耀财富的方式。收入不高的人渴望能够和富人一样消费，所以买便宜的山寨版时装，这是时装的"下沉"走向。对于这一下沉走势，有钱的富人避之不及，他们便向更新的款式进军，名牌时装服饰永远不断地变化和攀高。

不过，时装并不总是沿着下沉的趋势发展，时装也有"上浮"的趋势。牛仔服原本只是处于社会底层的牛仔穿的工作服，可是却得到了富人们的青睐，成为上层社会的宠儿。中国的农民工用来装行李和货物的蛇皮袋，给了时装设计师某种灵感，成就了新款式的 LV 包。中国几元钱一双的老式解放鞋，经过时装设计师的改造，身价百倍成了时装界的宠儿。

时装界的模特长期以来一直被西方的所谓主流社会占据，非主流人群很难受宠。可是为什么近一、二十年来，越来越多的亚裔面孔（尤其是中国人的面孔）出现在世界级的走秀台上呢？西方人的审美观与中国人有很大的不同，中国人一般是高颧骨、塌鼻梁、扁平脸、小眼睛、黄皮肤、面部毫无表情。中国人喜欢大眼睛、瓜子脸、白皙的皮肤，这叫做物以稀为贵。那些在中国人眼里算不上漂亮的特征，在西方人眼中却成了美的同义词。例如吕燕不仅拥有中国人常有的特点（如果不是缺点的话），更有厚嘴唇和不少雀斑，被中国媒体称为"丑小鸭"。然而对于西方人来说，小眼睛、塌鼻梁、高颧骨正是他们缺少的，所以成了他们追求的美。

中国模特受西方人欢迎的另一个原因与经济有关。在西方人眼里，中国至今是一个神奇的国土，成为世界的制造中心，拥有巨大潜力的市场。高盛集团预测中国在 2015 年将成为世界奢侈品消费大国，与日本并列世界第一，中国名模的崛起与中国的巨大市场潜力不无关系。

刘雯成为雅诗兰黛的代言人，与其说是这家品牌公司奉行"多样化就是美"的策略，不如说该公司冲着中国市场的潜力而来。该公司用刘雯作为招牌，吸引中国和亚洲的消费者，进入中国和亚洲的市场。

虽然中国模特得到了西方人的宠爱，但是也存在着问题。背景资料二所示的情况在西方人中间很普遍。他们可以认同中国模特,但是无法记住她们的姓名和脸孔。对于西方人来说，她们只是一群中国模特，却没有姓名也没有特征。所以从目前的情况看，中国模特很难像西方模特那样成为家喻户晓的人物。为什么会出现这种情况呢？

首先，中国人深受儒家的影响。儒家推崇"中庸之道"。"中"有中和、不偏不倚的意思，"庸"有平常、常道的含义。儒家以此为最高的道德标准，并作为处事的基本原则和方法。中国人不鼓励与众不同，普遍缺乏个性，尤其是现在的教育制度，培养出来的学生缺乏个性，缺乏独立的思想，缺乏创新能力。

第二个原因是中国长期以来奉行闭关锁国政策，中国人对西方人来说非常陌生，只是到了近几十年中国实行了改革开放政策，这一情况才有所好转。西方人很难分辨中国人，他们甚至搞不清亚洲的日本人，韩国人和中国人的区别。

第三个原因是中文的发音和拼写问题。中文是世界上最困难的语言之一，中文的方块字对于西方人来说犹如天书，中文的发音困扰着西方人。对于西方人，要想准确地读出中国人的名字还不是一件容易事。

另一个原因与模特本身有关。模特一般文化程度不高，英语一般都不太好，缺乏与西方人自由交流的手段和工具。没有交流手段，要想让人家记住就很困难了。

尽管有这些不利因素，中国模特具有的巨大潜力不容忽视。在西方的时尚界，一般的情况是，名模或明星先出了名，才有公司愿意签约，例如品牌公司的代言人常常是家喻户晓的知名人物。而对于中国明星或名模来说，却没有这一要求，中国的明星常常在西方并不出名，却已经与许多西方的品牌公司签了约。

西方人对西方模特的面孔比中国模特的面孔更加熟悉，但是中国人特有的东方美已经引起了西方人的极大兴趣。更重要的是，到底用什么样的面孔不仅仅取决于审美观，更取决于市场的需求。要想打开中国和亚洲新市场，品牌公司必须使用当地人的面孔，中国的巨大商机为中国模特和明星开启了机会大门。只要中国保持着巨大的市场潜力，只要中国模特能够不断地进取，突出自己的个性，加强与西方的交流，中国模特在世界舞台上经久不衰的可能还是存在的。

那么中国模特能否在世界舞台上经久不衰呢？欲知正确答案，且看最后一章分解。

# 同性恋的命运会如何呢

背景资料一：1998年10月6日至7日，马修·谢巴德在怀俄明州的拉勒米市附近遭人虐待致死，死因是他的同性恋身份。2009年10月22日，美国国会通过了"马修·谢巴德防止仇恨法案"，奥巴马总统在法案上签了字，使之正式成为法律。

背景资料二：2011年年底，加拿大多伦多动物园里的非洲企鹅巴迪与另一只企鹅佩德罗产生"断背"情，此事风靡网络。这对企鹅年初从美国一家动物园迁至多伦多后共建"爱巢"。无独有偶，中国哈尔滨一家动物园里也有一对同性恋企鹅，为了过把"父母瘾"，竟然从异性恋企鹅那里偷蛋。园方将其他孵蛋能力差的企鹅生下的两只蛋交给这对同性恋企鹅孵化。现在，这对企鹅证明它们是园中动物中的最佳父母。日本、德国和美国的动物园也发现过同性企鹅"恋爱"的现象。

长期以来，同性恋在中国被视为禁区，讳莫如深。其实同性恋从古到今，无论在中国还是在外国，都是客观存在的。在中国的古代，男同性恋叫做"断袖"，源于两千多年前的西汉。汉哀帝对御史董恭的儿子董贤非常宠爱，一次午睡董贤枕着哀帝的袖子睡着了，哀帝想起身，却又不忍惊醒董贤，随手拔剑割断了衣袖。后人说汉哀帝有"断袖之癖"，"断袖"成为男同性恋的代名词了。

中国古代的女同性恋叫做"磨镜"。铜镜须磨光才能作为镜子，把女同性恋叫作"磨镜"是因为，双方相互以厮磨或抚摸对方身体得到一定的性满足，由于双方有同样的身体结构，似乎在中间放置了一面镜子在厮磨，所以叫"磨镜"。中国的四大古典名著《红楼梦》中关于同性恋的描写，说明了当时同性恋的存在。

在西方，同性恋的存在也很早，至少大哲学家柏拉图所在的古希腊已经存在，同性恋被柏拉图认为是"违反自然的"。世界上第一对有案可查的同性恋人是埃及人，生活在公元前的2400年左右，埃及的文学作品曾描写过他们相互用鼻子亲吻。西方国家中,第一次出现"同性恋"这一词是在1869年。到了1886年，一位德国的精神病学家在他的一本专著中使用了该词，同性恋和异性恋的说法开始流传起来。

西方同性恋者的遭遇并不比中国的同性恋者好到哪儿去，甚至更糟糕。十三世纪下半叶，在欧洲的大多数地区，男同性恋的性行为所受的处罚是死刑，直到1803年，荷兰对有性行为的男同性恋处以死刑，英国在1835

年之前仍保持这一严厉的处罚。时至今日，中东的大多数穆斯林国家对同性恋要么无视其存在，要么否认其存在，甚至仍然对同性恋课以法律制裁。伊朗总统 2007 年在美国的哥伦比亚大学演讲时宣称，伊朗不存在同性恋。背景资料一中讲述的事件在美国尽管是特例并不普遍，但是也说明了同性恋所受到的不公正遭遇。

  西方人对同性恋者的态度经历了漫长的转变过程。1791 年，法国成为世界上第一个不再把同性恋性行为作为犯罪的国家。1830 年，巴西帝国废除了同性恋性行为有罪的法律。俄国的 1917 年革命废除了给同性恋性行为加罪的法律，同时承认同性婚姻，但是到了斯大林时代，承认同性恋的法律被取消了。

  二战以后，争取同性恋权力的一些组织开始活跃在西方国家，如英国、法国、德国、荷兰和美国。在这些组织的努力争取之下，同性恋由道德问题变成为医学问题。1952 年，美国精神病学会把同性恋列为精神疾病，使过去的道德犯罪问题转变成了精神疾病问题。

  1969 年，美国纽约的一家酒吧里发生了暴动（常称为"石墙暴动"），是由同性恋者抵制警察抓捕引起的，触发了更深刻更广泛的同性恋运动。1973 年，美国终于不再把同性恋视为疾病。1977 年版的"国际疾病分类编码手册"[①]中仍把同性恋作为一种疾病，但是 1990 版的"国际疾病分类编码手册"中，同性恋作为一种疾病终

---

[①] International Classification of Diseases（简称 ICD，译为"国际疾病分类"）由世界卫生组织发布，目的是使医生的诊断和医治标准化。

于被去除了。中国比西方国家稍落后一些，是在 2001 年去除的。

  2010 年 12 月，美国军方取消了"不问也不说"的法律。这是 1993 年美国禁止公开的同性恋者加入军队的法律，同性恋可以加入美国军军队，但是不能公开说自己是同性恋，军队也不得询问军人是否是同性恋。现在的美国军人可以公开自己的同性恋身份，而不受强行退伍的处理。

  讨论同性恋问题，涉及到如何定义同性恋，而定义同性恋，又必须先定义"性别"。也许有人会说，这个问题不值一提，谁还不知道如何区分人的性别呢？其实这一问题并不那么简单，人的性别有两个方面的含义，即生理和心理方面。从这两个角度来区分人的性别，至少有四种类别，"性身同一"的男和女与"性身相异"的男和女。性身相异是说，虽然在生理上属于一个性别，而心理上却属于另一个性别。有的人长着女儿身，却有着一颗男儿心，而有的人长着男儿身，却有着一颗女儿心。

  同性恋涉及性取向，是生理和心理以外的另一个方面，涉及与社会其他人的关系。过去，人们以为性取向只涉及个人，是自身的问题。在这种思路的影响下，人们以为，一个有着女儿身却喜欢女子的人，身上拥有男性的阳刚气质，而一个有着男儿身却喜欢男子的人，身上拥有女性的阴柔气质。因此，在一对女同性恋人中，必定有一位充当"丈夫"的角色，在一对男同性恋中，必定有一位充当"妻子"的角色。该观点从十九世纪中叶一直持续到二十世纪初。上世纪下半叶开始，理论界才把性取向与"性身"的分类脱离开来。其实，无论是异性恋、同性恋或双性恋，一个人拥有阳刚的男性气质，阴柔的女性气质或刚柔并济的双性气质与性取向无关。

那么同性恋是如何产生的呢？动物学家发现，动物界存在着大量的同性恋现象，如背景资料二所提到的企鹅。一份1999年的研究统计说，研究者观察到1,500多种动物具有同性恋现象。

有的人认为，同性恋是生理性的，是人生下来就定好的无法改变。这种说法遭到质疑，如果同性恋是生理性的，那么应该与遗传有关。如果真是这样的话，根据进化论物竞天择的原理，同性恋现象应该会消失。因为同性恋不可能产生后代，在进化过程中即使遗传出现变异产生了同性恋，人类无法将同性恋的基因传给后代。

也有的人认为同性恋可能与外界环境有关，但是这一说法同样遭到质疑。异性恋家庭可能会出现同性恋的孩子，而同性恋家庭抚养的孩子并不一定成为同性恋者，这些孩子中成为异性恋者大有人在。

也有人提出，同性恋的性取向是生理和周围环境共同作用的产物，但是为什么有的人会成为同性恋者，至今仍是个迷。

同性恋组织的斗争目标是维护同性恋者的权益，争取获得平等权力，从而使同性恋者不受歧视，个人安全受到保护。更重要的一个目标是，他们的婚姻能像异性恋者一样得到社会和法律上的承认。目前，许多同性恋者的结合只能是地下的，或者尽管是公开的，但是得不到法律上的承认。是否得到法律上的承认有着本质上区别，如果法律上承认同性恋的婚姻，他们之间的财产可以继承，他们可以享受常人的社会福利。

在美国，正式夫妻可以共同享受社会保险，如果一方去世，另一半可以继续享受，生活可以不受太大的影响。医疗保险也是一样，只要夫妻一方有工作单位，夫妻可以共同享有医疗保险。但是如果法律上不承认婚姻关系，尽管一对同性恋共同生活，恩爱如夫妻，却不能得到常人可以获得的权益。

2001年，荷兰成为世界上第一个承认同性恋婚姻的国家。到目前为止，瑞典、阿根廷、冰岛、比利时、加拿大、挪威、南非、西班牙和葡萄牙等国已经在法律上承认同性恋婚姻。美国的情况比较特殊，各州有较大的自主权，目前有多个州在法律上承认同性恋婚姻。有意思的是，2009年10月瑞典的教会议会同意为同性恋夫妻赐福，允许他们结婚，当年11月，这一项决定成为法律，在世界上算是开了先例。

2011年6月，联合国人权理事会通过了一项划时代的决议案，赋予同性恋者和异性恋者同等权利。与以往联合国会议有关性倾向或性别身份的联合声明不同的是，这次决议不仅代表大多数与会国家的立场，也成为联合国官方的正式文件，被认为是国际社会争取同性恋、双性恋和跨性别者平等权利的重要进展。中国在这次投票中投了弃权票。

2013年6月末，美国最高法院作出两项裁决：第一，同性婚姻伴侣有权享受联邦给予异性婚姻伴侣的福利；第二，《婚姻保护法案》违宪。该法案于1996年通过，强调夫妻是一男一女之间的结合，否定同性婚姻。美国最高法院的裁决意义深远，是美国同性婚姻运动的巨大胜利，为同性恋合法化扫清了道路。

同性恋平等权力运动尽管取得了显著的进展，但是仍有不少障碍需要克服。首先是健康问题上的障碍，男同性恋者由于其特殊的性行为方式，很容易感染艾滋病。据统计，艾滋病患者中，有三分之二的人是男同性恋或男双性恋者。美国规定禁止有男同性恋性行为的人献血，因为他们是感染艾滋和乙型肝炎等病毒的高危人群，英国和其他欧洲国家也有相似的规定。这一情况对同性恋者很不利，促使同性恋组织关注性教育，防止同性恋感染艾滋病。

第二个问题是精神健康问题。社会的歧视和压力使同性恋者更容易患精神疾病，年少的同性恋者由于周围敌视的环境，更容易吸毒、逃学、患忧郁症、受到同龄人的排斥和虐待，更易于有自杀倾向。

第三是来自保守势力的反对，美国的教会坚决反对同性恋的平等权力。他们的理由是，同性恋的权力影响了其他人的言论自由和宗教信仰自由，也影响了教会和宗教组织的运作。这是因为，如果承认同性恋权力，教会被迫进行同性恋结婚仪式，如果教会拒绝进行，美国政府将有权力取消教会在纳税方面的优惠。

总之，同性恋平等权力的斗争还需要经历更多的考验，道路还会是漫长的。同性恋者将来的命运到底会如何呢？欲知正确答案，且看最后一章分解。

# 西方为什么没有无产阶级革命

背景资料一：1991年12月25日晚，从克里姆林宫的旗杆上，饰有镰刀斧头和红色五角星的苏联国旗徐徐降下，宣布了苏联历史的黯然结束。存在了整整69年的世界上第一个无产阶级政权的苏维埃社会主义联盟，走到了历史的尽头，苏联作为一个国家不复存在。

背景资料二：1890年，美国取代英国第一次成为世界制造业老大，美国的GDP以每年6.8%速度增长。二战后期美国的工业发展达到顶峰，尽管目前老大的地位受到来自中国的挑战，其经济实力仍然是世界第一。100多年前，美国工人每小时的平均工资是22美分，年收入大约在200美元到400美元左右。美国人2002年的平均年收入是36,764美元，考虑物价指数的因素，现在美国的人的平均薪水是100年前的大约5倍左右，生活水平普遍得到改善。1950年，美国人有50%以上的人拥有自己的房子，到了2000

年该比例提高到 66%。汽车的普及率则更高，2007 年达到平均 10 人有 9 辆车。

马克思和恩格斯在《共产党宣言》里写道：资产阶级生存和统治的根本条件，是财富在私人手里的积累，是资本的形成和增殖，资本的条件是雇佣劳动。雇佣劳动完全是建立在工人的自相竞争之上的。资产阶级无意中造成而又无力抵抗的工业进步，使工人通过结社而达到的革命联合代替了他们由于竞争而造成的分散状态。于是，随着大工业的发展，资产阶级赖以生产和占有产品的基础本身也就从它的脚下被挖掉了。它首先生产的是它自身的掘墓人，资产阶级的灭亡和无产阶级的胜利是同样不可避免的。

从 1848 年《共产党宣言》发表至今已有 170 多年了。马克思和思格斯在《宣言》中曾预言，资产阶级必将灭亡，无产阶级的革命必将胜利。在这 170 多年中，无产阶级革命曾出现过欣欣向荣的局面，前苏联为首的社会主义阵营，曾经给资本主义社会造成巨大的威胁。不幸的是，前苏联在近 30 年前黯然解体，共产主义运动受到空前的挫折，只剩下了中国和朝鲜等少数国家仍坚称自己是社会主义国家。

更让人失望的是，马克思和思格斯的预言在西方国家没有实现。西欧和北美资本主义国家里的无产阶级，没有像马克思和恩格斯希望的那样，组织起来去推翻资本主义。如背景资料二所示，资本主义不但没有走向灭亡，相反仍然不断发展，这是为什么呢？

中国的一些人士分析原因，认为传统的产业工人人数不断减少，已经到了无足轻重的地步。传统的产业工人不能代表所有的被剥削阶级，所以需要自我完善，与其他被剥削阶级联合，形成统一的阶级意识。也有人认为，社会主义制度并不完善，没有吸引力。还有人认为，西方现代民主政体的国家，不得不服从人民的意志，人民的革命要求在聚集到能够爆发整体性暴力行动之前，就足以使国家发生改变了，所以没有必要也没有理由发生无产阶级革命了。

西方社会学家认为，无产阶级革命没有在西方国家发生是因为以下几个原因。第一个原因是资产阶级的分散化。自从马克思逝世以后，西方资产阶级的结构发生了巨大的变化，资本不再集中在少数家族手中。十九世纪时，美国的许多大公司属于家族式企业巨头，例如石油大王洛克菲勒、汽车大王福特、铁路大王古尔德、金融业大王摩根和钢铁业大王卡内基都是当时权倾一时的人物。然而现在的大公司却由无数手中持有股票的股东们共同拥有，例如零售业巨无霸沃尔玛、石油巨头埃克森美孚、壳牌公司和英国石油公司（BP）是世界上屈指可数的几家大公司。这些大公司再也不是某个家族可以拥有和掌控的了，而是由无数股东拥有。沃尔玛公司的股份据说有100亿，售出的股份达50亿股（也有说36亿股）。世界上已经没有人会独自拥有这家公司的股份。这些公司每天股票的交易量达到成千上万股，所以要搞清楚这些公司的拥有者，不是一件容易的事。

与这些群体拥有的大公司同时出现的，是一大批公司的管理人员。他们并不拥有多少股权，却凭着管理技能为广大的股东掌管着公司。中国人常用打工皇帝来形容他们，他们的薪水高到令人咋舌的地步。根据一份2010年的CEO薪水报告，美国10%最大上市公司的老总们的年收入的中值数是1,020万美元。中值数的意思是，百分之五十的人高于此数，百分之五十的人低于此数。这些管理者尽管在公司中并不一定拥有多少股权，如此之高的报酬，使他们比马克思在世时的资本家更加富有。期望这些老总们和那些多少有些股份的小股东们起来造反，推翻资本主义统治是不现实的。

其次，蓝领工人白领化。一百多年前，工业国家的广大群众基本上蓝领阶层，在工厂或者农场从事体力劳动。对比1910年和2000年，美国的技术人员的人数翻了两番，是以前的四倍，美国的制造业大幅度地萎缩，白领工作大幅度增长。白领工作主要指的是脑力劳动者和非体力劳动者，如营销业人士、管理人员、办公室工作人员。

虽然有些办公室的工作与蓝领工作的待遇差不多，但是给人的感觉不一样，白领的社会地位毕竟比蓝领的高。有调查显示，许多低层的白领工作人员，自认属于中产阶级，比他们的父辈和祖辈社会地位高。由于这一原因，西方国家的贫富差别现象被掩盖了，不像马克思和恩格斯的时代，穷人和富人严重对立。西方国家常常说，他们的社会是中间大、两头小，意思是说，西方国家中大多数是中产阶级，穷人和富人是少数。

第三，民众的工作条件和生活水平明显改善。尽管西方国家经历多次经济危机，但是大多数人的生活水平，总体上是得到改善的，背景资料二所列举事实说明了这一点。由于西方国家有完善的社会福利机制，处在贫困线上的穷人的生活，比起马克思所处时代的穷人的生活要好得多。在美国住别墅式洋房、开小汽车的人们，有不少是汽车流水线上的装配工、工地上出苦力的建筑工人和餐馆里的服务生。

虽然西方国家工会的势力较之以前有所下降，但是工会在为工人提高福利方面做出了巨大的贡献。工会时常代表工人与资方谈判，解决劳资在福利待遇上的纠纷，如果不能达成协议，工会一声令下宣布罢工，资方还真没有办法，严重的时候，连总统都不得不出面来调解矛盾。

列宁曾说过，帝国主义对殖民地的剥削产生了巨大的超额利润，资产阶级不在乎从超额利润中拿出一小部分来收买工人阶级的上层即工人贵族们，使他们背叛广大的工人阶级，成为资产阶级的忠实奴仆，他们引领工人阶级走上改良主义的邪路。列宁在这里提到了资产阶级的收买问题，如果被收买的不是少数工人贵族，而是广大的工人，那么发生无产阶级革命可能就要小得多。

第四是法律的保护。一百多年来，西方国家逐步拓宽了为工人提供的法律保护，工人可以更多地利用法律，为自己争得合法权益。西方国家有失业保险、伤残疾病救助、社会保险等措施，保障普通百姓的生活。在马克思时代，资本家是不愿负担这些措施的。

由于以上这些原因，虽然西方国家存在着严重的贫富差别，无产阶级革命迟迟没有到来是可想而知的。西方的社会学家很重视马克思和恩格斯对资本主义的分析，并且对马克思主义提出一些修正。他们认为，马克思对财富占有的分析是正确的，目前美国私人公司中超过一半的股份，仍掌握在占人口只有 1%的人手中。正如马克思所预言的那样，资产阶级仍然把持着重要的社会地位和经济地位。其次，许多所谓的白领工作的报酬，其实比 100 多年前的蓝领工作好不到哪儿去，尤其是办公室中的粉领阶层，这些人大多是女性，工资很低工作也很枯燥。第三，工会为工人争得了不少权益，与资方的定期谈判并不是没有劳资冲突，恰恰相反，正是劳资双方冲突的体现，只不过改变了形式，变得温和一些而已。这种冲突正是马克思在 100 多年前所提到的。最后，虽然法律保护了工人的一些权力，西方国家的法律没有从本质上改变巨大的贫富差别，在利用法律保护自己利益方面，一般百姓与富人是不可相提并论的。

坚持冲突论的社会学家认为，无产阶级革命没有在西方国家出现，不能证明马克思对资本主义社会的观察和分析是错误的，西方社会存在着显著的不平等和不可调和的社会冲突，只是没有像马克思在世时那么严重而已。

对于无产阶级革命为什么没有在西方国家出现，以及马克思主义的现实意义，存在着争论，到底谁是谁非呢？欲知正确答案，且看最后一章分解。

# 为什么会发生社会运动

**背景资料一：** 1886年5月1日，以芝加哥为中心，美国工人举行了罢工和示威游行，要求改善劳动条件，实行8小时工作制。5月3日芝加哥政府出动警察进行镇压，开枪打死2人，事态扩大。次日，罢工工人在广场上举行抗议，有人向警察投掷了炸弹，警察开枪，有4位工人和7位警察死亡。为纪念这次事件，世界各国的工人举行了抗议活动。

**背景资料二：** 2011年6月，日本诺贝尔文学奖获得者大江健三郎等人发起了千万人反核电站签名运动。之后他们成立了执行委员会，并决定于2011年9月，在东京举行5万人规模的反核电抗议集会。著名作家泽地久枝会见记者时表示，福岛第一核电站的核泄漏事故证明，盲目发展核电将给日本和世界的和平生活带来伤害。

"社会运动"是指有组织的一群人，有意识、有计划地改变社会的群体行为。有的运动旨在促进社会的变化，有的运动却旨在抗拒社会的变化。背景资料中提到的两件事是社会运动的范例，美国工人带头提出了改变劳动条件的要求，促进了社会的变化。由于他们的努力，许多国家开始实行8小时工作制。五一国际劳动节是为了纪念美国工人的斗争。

也许有人会问，既然五一劳动节是纪念美国工人的运动，为什么美国人的"劳工节"却不是五月一日，而是九月的第一个星期一呢？这是因为，美国的工人和工会对1886年发生的暴力事件讳莫如深，为了避嫌，他们选择了另外的日子来庆祝自己的节日。

如果从变化的对象和变化的范围两个角度来分析，社会运动可以分成四种运动。

|  | 变化有限 | 变化巨大 |
| --- | --- | --- |
| 变化只涉及一部分人 | 替代运动 | 救赎运动 |
| 变化涉及整个社会 | 改革运动 | 革命运动 |

第一种运动是"替代运动"。此种运动对现有社会的威胁最小，因为该种运动仅仅针对社会的一部分人，运动的目的是改变这些人的某种行为。美国的"反酒后驾车母亲协会"就是一例，运动专门针对酒后驾车行为。由于该协会的努力，美国通过了法律，对醉酒驾车者严惩不贷，从而使得醉酒驾车的事件有所减少。

第二种运动是"改革运动"。改革运动的参与者对于现有社会是满意的，只是认为必须进行局部的改革，大多数的抗议事件和社会运动属于这种运动。运动的目标是改革社会的某一部分，并非企图推翻整个现有体制。上世纪八十年代以来世界各地的反核能运动和生态运动属于此类运动。

第三种运动是"救赎运动"。该类运动针对一部分人，但是涉及的深度比较深，目的是彻底改变这部分人，宗教的"原教旨主义"运动是此类运动的典范。原教旨主义源于美国，是一个宗教运动，强调圣经内文的正确无误、不容置疑、圣经拥有最高权威。救赎运动旨在彻底地改变个人使之重生。

第四种运动是"革命运动"，涉及整个社会的所有成员，变化的范围是深刻的，旨在推翻现有制度并创立新制度。革命运动对现有的社会秩序极度不满，试图根据自己的意识形态蓝图，重新建设新社会。革命运动大多是由长期受压迫的某一群体发起，在一连串改革运动失败后，群众极度不满，人们深信当权者不会满足他们的基本需求。世界各国革命运动成功的事例不少，例如美国的独立运动、法国的大革命、南非的黑人自治运动、中国的辛亥革命运动。

社会运动与生物一样，会有兴衰生死。社会运动一般经历五个阶段。首先是社会运动的出现。社会运动出现的原因，不外乎贫富差别太大，习俗、价值观和理念的差异。社会运动的兴起需要一个诱发事件，从而引起一系列的链锁反应。背景资料二提到的日本反核运动，起因是2011年福岛核电站的核泄漏事故。2010年12月的突尼斯革命，结束了阿里23年的统治，起因是一名26岁的街头小贩遭到执法人员的粗暴对待后，自焚抗议不治身亡。这名青年的死，不仅引发了突尼斯全国范围内的抗议，而且还导致了数个阿拉伯国家政权的更迭。

第二阶段是联合阶段。这是运动的初级阶段，为了能吸引更多的人参加，运动必须大造声势，群众集会和游行示威是最常见的方式。媒体的推波助澜引起了更多人的注意和参与，运动在此阶段主要是招兵买马。

第三阶段是组织阶段。经过第二阶段的扩充，运动的队伍壮大了，组织形式的正规化问题摆到议事日程上来了。运动要想进一步深入，不能只停留在集会和游行层面上，必须建立健全的组织机构来领导运动。

第四阶段是开花结果阶段。经过努力，运动终于到了最后阶段，有的运动成功了，有的失败了，有的被当权者镇压下去了，有的与其他运动合作成立统一战线，有的成为社会主流。

第五阶段是衰落阶段。当运动达到目的或者因各种原因失败以后，运动会走向衰弱，有的甚至不复存在。运动失败走向衰弱比较容易理解，运动成功了最后走向衰弱似乎不太容易理解。其实道理很简单，因为如果运动成功了，没有必要再折腾下去，摆在运动面前的当务之急，是将胜利成果正常化，不至于得而复失。

运动的进行离不开群众的参与。对于群众的分类，社会学家做了分析，有以下七类人：第一类是"同情者"，同情运动，会给运动道义上的支持。第二类是"良知同情者"，对运动同情，但是运动胜利后，他们并不受益。美国黑人的平权运动中有不少白人同情者，他们同情黑人的运动完全出于良知，本身并不会受益。第三类是"追随者"，是运动的中坚，为运动出钱出力。第四类人是

"良知追随者",出于良知参与运动,但是运动胜利后,他们并不受益。无产阶级革命中,有的人出身资产阶级家庭,他们投身革命,并不是为了自身家庭的利益。第五类是"旁观者",不参加运动,对运动也不感兴趣。第六类人是"免费搭乘者",并不参加运动,但是静观发展,等着得益。如果运动成功,他们将成为受益者的一员,是"下山摘桃派"。第七类人是"反对者",积极抵制运动,阻挠运动获得成功。

为了保证运动的胜利,运动的领导人必须清醒地认清谁是追随者,谁是反对者,谁是同情者和旁观者。

人们不仅要问,为什么会有社会运动的出现呢?针对这一问题,社会学者提出了几种理论解释。

"剥夺理论"认为,社会运动在弱势群体中有着广泛的社会基础,贫穷的人们缺吃少穿,倾向于通过社会运动来改善他们的工作和生活状况。剥夺有两种形式,一种是"绝对剥夺",指的是由于不公正的待遇,一部分人的最基本生活需求得不到满足的状况。另一种是"相对剥夺",指的是在与其他地位较高、生活条件较好的群体相比较时,个人或群体所产生的一种需求得不到满足的心理状态。

中国人有"不患贫,患不均"的说法,指的是相对剥夺。当人们的收入和待遇不能满足期望,而同时却看到经济繁荣对自己毫无益处时,相对剥夺感会变得尖锐起来。当相对剥夺感高涨时,一些人会参加社会运动,以此来表达他们的不满或以此来改变现状。

马克思对相对剥夺感有形象描述。一座小房子不管怎样小,如果周围的房屋都这样小的时候,它能够满足社会对住房的要求。但是如果在这座小房子近旁建起一座宫殿，情况就不同了，这座小房子变成了可怜的茅舍。这时候，不管小房子如何改善，只要近旁的宫殿以同样的速度改变，小房子的居住者会越发觉得不舒适，越发不满意。

"马克思主义理论"的基本观点是，无产阶级和资产阶级之间有不可调和的矛盾，以阶级斗争为基调的社会运动在世界各地不断出现，包括西欧和北美。按照马克思主义的理论，人类的历史是一部阶级斗争史。

"大众社会理论"（也译为社会群体理论）认为，社会运动的参与者是社会地位低下的人群，平时没有权力，没有话语权，与社会的其他人没有多少联系，生活在孤独之中，被社会所忽视。运动使这些人有了权力感和归属感，如果没有运动，这些人不可能有这样的感觉。所以人与人之间联系比较弱的地区容易发生社会运动，而人与人之间关系比较紧密的地方不容易发生社会运动。

"社会紧张理论"提出，导致社会运动的发生是六个因素相互作用产生的，这些因素如果孤立出现，并不会引起社会运动的发生，但是当这些因素按照一定的顺序出现时，发生群体行为事件的可能性大大增强了。有人把该理论叫做"价值累加理论"。

第一个因素是"结构性诱因"，特定的社会结构是造成群体行为事件的温床，群体行为必定有其结构性的特点。背景资料一提到的美国工人罢工事件的结构性原因，是工人的恶劣劳动条件。第二个因素"结构性紧张"，表现在人们普遍感觉到社会在某些方面出了问题，如社会缺乏平等和公正，存在剥削和压迫。第三个因素是"一般信念",运动参与者需要对运动的目标有一个共识。如果运动有一个明确清晰的方向和目的,参加运动的成员能够很好地组织起来,否则连运动的目标都不清楚,运动是很难深入发展的。第四个因素是"触发因素",是引起群体行为的导火索,这一情景有点像放爆竹。充满矛盾的社会像一只装有炸药的爆竹,尽管炸药威力巨大,但是需要人去点燃。背景资料二提到的日本地震引发的核泄漏是触发因素,导致全世界人民对核电安全的忧虑,从而引发大规模的反核电运动。该因素可以说是"万事俱备,只欠东风"中的东风。第五个因素是"动员"。社会运动必须有相应的动员机制,参与运动的成员需要组织起来。当前面四个因素形成后,动员是自然而然的事了。最后一个因素是"社会控制的缺乏"。如果当权者和当局没有能够及时地对即将出现的运动做出反应,会使局面失控,事态会扩大,最后发展到不可收拾的地步。由于运动的爆发具有突发性,所以当权者采取的措施至关重要。

"资源动员理论"认为,在有些情况下,社会运动的发生并不是因为社会矛盾加大,人们的剥夺感上升,或者人们怨恨的增加,而是社会运动发起者和参与者可以利用的资源增长了,是否参与社会运动是人们对资源动员进行的理性选择。资源包括甚广,有知识、财力、传媒、物力、人力、合法性、社会精英的支持等等。如果对社会不满的群体能够动员手中掌握的资源,运动就能发展起来。这一观点部分地解释了为什么有的群体能够组织起来开展社会运动,而有的群体却无法组织起来的原因。

"政治过程理论"在不少方面与资源动员理论有相似之处。不过政治过程理论更强调社会结构中的政治机会,认为对于社会运动来说,有三个要素至关重要:"反叛意识"、"组织力量"和"政治机会"。反叛意识指的是剥夺感和怨恨,是社会运动的根源,是社会运动组织的动力。组织力量与资源动员理论密切相关,为了开展社会运动,必须有强有力的组织领导和足够的资源。政治机会指的是现行政治体制的受欢迎程度和脆弱程度,如果现行体制比较脆弱,不堪一击,社会运动很容易发生。突尼斯的政治体制就是一例,举国上下怨声载道,失道寡助,人民一起来反对,寡头统治一夜间垮台了。

该理论分析了社会运动的出现和时机,解释了为什么有的运动尽管存在反叛意识,存在可以利用的资源,政治机会的条件不具备,却不能成功的原因。一个社会运动如获成功,必须同时具备反叛意识、资源和政治机会。

"新社会运动理论"试图解释北美和西欧六十年代中开始的一系列社会运动。这些社会运动有别于旧形式的运动,所以被为新社会运动。新社会运动强调对于后物质主义的价值的追求,例如民主运动、人权运动。运动的特点之一,是它们涉及的范围。由于现行政府的政策是全国性的,运动的范围也是全国性的甚至是全球性的(如反核能运动)。另一个特点是运动已经不再像过去仅局限于经济斗争,新社会运动更侧重于提高生活质量(如环保问题)。第三个特点是传统的社会运动能得到工人阶级的支持,大多数传统的社会运动致力于经济斗争,而现在的新社会运动则跳出了经济范围，得到更多的中产阶级的支持。

剥夺理论认为，贫穷的人们缺吃少穿倾向于通过社会运动改善状况；马克思理论认为，无产阶级和资产阶级之间有不可调和的矛盾，人类历史是一部阶级斗争史；大众社会理论认为，社会运动的参与者是社会地位低下的人群，平时没有权力，运动使这些人有了权力感和归属感；社会紧张理论提出，导致社会运动的发生有六个因素，它们相互作用产生了运动；资源动员理论认为，是否参与社会运动是人们对资源动员进行的理性选择；政治过程理论认为，对于社会运动来说，反叛意识、组织力量和政治机会起了重要作用。

以上几种理论试图从不同的角度，解释社会运动的产生和发展，究竟谁是谁非呢？欲知正确答案，且看最后一章分解。

# 如何定义文革

背景资料：无产阶级文化大革命（通称"文化大革命"，简称"文革"），是 1966 年 5 月至 1976 年 10 月间在中国大陆所发生的重要事件。文革是由时任中国共产党中央委员会主席的毛泽东与中央文化革命小组领导，由成千上万红卫兵和造反民众参与的在中国大陆进行全方位发动的阶级斗争。普遍认为官方鼓励的批斗、抄家及告密等过激行为，使中国传统文化与道德沦亡，整体经济受严重影响，受害人数以千万计，很多文物在 1966 年 6 月至 8 月间的破四旧中遭到蹂躏。文革也影响了阿尔巴尼亚、朝鲜、法国、埃塞俄比亚、荷兰和智利等世界上一系列左翼势力强大的地区。

对于文革的定义（即"文革是什么？"）一直存在着争议。在众多的派别中，具有代表性的有四个大派别，可分为两大阵营：即"十年阵营"和"三年阵营"。"十年阵营"中的第一派是"内乱说"，是中共十一届六中全会定的基调。为了维护中共统治的合法性，邓小平主持审议并通过了《关于建国以来党的若干历史问题的决议》（简称《决议》）。《决议》对文革的定义如下：文革"是一场由领导者错误发动，被反革命集团利用，给党、国家和各族人民带来严重灾难的内乱"。关于责任的问题，《决议》指出：对于文革这一全局性的、长时间的左倾严重错误，毛"负有主要责任"。毛泽东发动文革的这些左倾错误论点，明显地脱离了作为马列主义普遍原理和中国革命具体实践相结合的毛思想的轨道。

  国内的学者对《决议》把文革定义为"内乱"并不满意。有学者指出，"内乱"在中文里是个中性词，指一种社会现象，不能明确表述该现象的性质和特点。"内乱"可以是强大的蕃镇向封建最高统治者皇帝夺权，可以是最高统治者家族内部的权力之争，也可以是农民起义造封建统治者反的革命斗争。虽然文革与历史上的"内乱"有某些相似之处，但是本质上是不同的。《决议》中的"内乱"有两个形容词修饰加以补充："由领导者错误发动的"和"被反革命集团利用的"，但是依然不能回答一个关键的问题，即领导者为什么发动文革？

  因此，国内的学者把文革定义为是"一场复杂的政治运动"，是"十年阵营"中的另一个派别。根据该派的定义，文革是"由党和国家的最高领导人亲自发动和领导的，以'无产阶级专政下继续革命理论'为指导思想的，以所谓走资派和反动学术权威为革命对象的，采取'四大'方法动员亿万群众参与的，以反修防修巩固红色江山为神圣目标的一场矛盾错综复杂的大规模的长时期的特殊政治运动。"

西方学者对中共的"内乱说"提出尖锐的批评。他们认为"内乱说"是对历史的严重歪曲，是毛与温和派、保守派对手（特别是邓及其追随者）长期斗争中的胜利者对历史的描述。《决议》对文革的定义是一场"权力斗争"，是邓及其盟友同毛及其追随者之间围绕着权力的斗争。这是一场10年的斗争。在此期间毛的对手受到了迫害、摧残甚至死亡。《决议》忽略了广大民众（特别是红卫兵和造反派）在这场斗争中所起的作用。在邓氏框架中，广大民众的作用充其量只是被动的，民众在中共高层的权力斗争中只是无足轻重的棋子而已。

因此这些学者提出"社会冲突说"来定义文革，是"三年阵营"中的一个学派。在这一模式下，民众占据了文革的中心舞台。文革中，民众分裂成对立的派别：保守派和造反派，造反派也进一步分裂成敌对的派别。在文革的前三年，这些派别之间为了夺取权力进行了激烈的斗争，全国陷入了内战，伤亡数百万，所以不是"内乱"，不是运动，更不是权力斗争，而是你死我活的阶级斗争。许多西方学者发现区分派别的明显因素是民众的阶级背景，而这些阶级背景和标签是中共1949年建政后强加在百姓头上的。每一个中国人都被分为三大类中的一类：红五类，黑五类或灰五类。这些标签决定了人们的社会地位、教育机会、政治前途、事业前景，决定了人们的整个未来。西方学者调查了广州中学红卫兵的派别与家庭背景之间的关系，发现出身不好的人倾向于参加造反派（"红旗派"），而出身好的人倾向于参加保守派（"东风派"）。简言之，"社会冲突说"把文革描写成是为期三年的民众反抗中共及其同盟（保守派）的群众运动。

深受"社会冲突说"的中国学者提出了"两个文革说"，是"三年阵营"中的第二个学派，与"社会冲突说"大同小异。他们认为，"伴随着毛泽东的每一步胜利，都是人民对他的认识的进一步加深和抵抗的进一步加强。经过了1966年至1971年感性认识的积累，经过了1971年至1975年比较理性认识的积累，终于在1976年4月3日爆发了人民自己的文化大革命。"

对毛来说，文革是为了清洗中央、省市政府机构里的走资派，而在众多的群众运动中却存在着"人民文革"，迫使毛及其军政界内的追随者不得不镇压民众以维持国家的稳定。"两个文革说"认为清洗敌人和镇压民众是文革中的两大要素。而"人民文革"是中国人民进行的抗争，是为了结束政治歧视和压迫，要求纠正社会不公和分裂，追求基本权力的保护（包括人权），代表了民众反抗中共统治制度。"人民文革"也可以理解为是文革中的抵抗运动。

有位华人学者提出，第一个文革是"毛的文革"，主动自觉地利用群众运动来打乱共产党，以清除威胁他地位的高级同僚，他不怕天下大乱，自信有控制大局的天才。第二个文革可称为"人民的文革"：被动地不自觉地利用毛泽东的威望，来打倒直接压迫他们的贪官污吏，以争得起码的民主权利。两个文革为了各自的目标相互利用，同时又相互冲突斗争。"毛文革"持续了十年，而"人民文革"仅持续了三年（从1966年到1968

年）。文革中成立的群众组织被毛依靠军队的帮助强行解散了，"人民文革"以那些敢于挑战中共统治的造反派被抓捕、判刑甚至死刑而告终。

"内乱说"被广大的中国民众接受，包括大多数知识分子。西方学者大多认同"社会冲突说"，把文革看成是一个大规模的为期三年的群众运动。当然，近年来有些西方学者也开始接受文革是十年的看法。"社会冲突说"与"一个文革说"的重要区别是三年和十年的分期问题。前者视文革为一个独立的社会运动，不应该与后七年的党的运动混淆在一起，区分中共的镇压、迫害与民众造反运动的最佳途径是把文革分期为三年。而"一个文革说"与"两个文革说"争论的焦点是"人民文革"的存在问题，即是否存在着一个独立于"毛文革"的"人民文革"。支持"两个文革说"的学者大多是当年的造反派，与参与上世纪70年代学潮的西方学者一样有着类似的经历。他们的一个重要的特征是，对把抗议的民众描述为"暴民"的作法持否定态度，他们认为，"人民文革"不是"乌合之众"心理的非理性爆发，而是一个具有明确目标和策略的政治运动。"两个文革说"的支持者通过他们自身的经历和史命感从正面角度来描述文革的造反运动。这些曾经的造反派试图把造反运动与文革后发生的民主运动联系起来，认为造反运动是文革后民主运动的前奏，而民主运动是文革造反运动的继续。

"内乱说"把文革定义为以邓为首的被迫害的领导人与以毛为首的极左派之间进行的一场权力斗争。在为期十年的内乱中，坚持正确路线的老干部受到了残害、清洗，有的甚至被整死。但是他们在毛死后终于"拨乱反正""挽救"了党和国家。中共的"内乱说"把民众描述成是无知、非理性、无意识的群氓，根本没有必要在文革的官方史中写上一笔。"内乱说"把具有造反精神的民众与林彪、"四人帮"故意混淆在一起。造反派从毛、林和"四人帮"的受害者变成了他们的同伙，成了十恶不赦的恶魔。这就混淆了造反民众与党内激进派的区别。同时，"内乱说"把邓及其追随者打扮成文革的主要受害者。"内乱说"的主要问题是，掩盖了黑五类和造反派在文革中受到的迫害，而且这一现象到现在仍在继续。而且，该学说把保守派和党的各级领导在文革中的罪责一笔勾消，造反派被描绘成为双手沾满鲜血的恶棍和流氓，文革中所有的坏事和恶事都被转嫁到了造反派身上。如果有人在文革中受到迫害，那都是造反派干的。事实上，保守派和党的干部在群众运动结束后不久就重掌权力，对民众犯下了许多不可饶恕的罪恶。这些人的罪责却没有引起足够的注意。

"一个文革说"的学者虽然把文革定义为是一场复杂的政治运动，但是他们驳斥"两个文革说"的论点是："人民文革说"是否能够成立的关键在于"要看是否存在着所谓的反抗共产暴政的人民起义"。该派学者认为，在这方面"两个文革说"并没有也不可能提供有说服力的证据，群众组织身上找不到一丝的反抗所谓"暴政"的影子，更不用说有任何"反共"的味道。文革中的造反派的目标既非改朝换代，也非推翻国家政权和打倒共产党，即使有反官僚的因素也只是反官僚不反皇帝，连古代的造反者都不如。总之，"两个文革说"的致命问题是"只反贪官不反皇帝"。显然，"一个文革说"的学者在这里采取了一套双重标准。"人民文革说"的成立需要建筑在造反派是否推翻共产党政权的基础之上，那么"毛文革"反的是哪个政权、哪个"皇帝"呢？

在前一章中，我们已经讨论了社会运动的分类问题。"改革运动"的矛头并不指向现行的制度，只是对现有体制进行局部的改革，运动的目标是改革社会的某些不合理部分，并非企图推翻整个现行体制。按照"一个文革说"学者的标准，中国的1976年的4·5运动、1989年的民主运动也不能成为独立的社会运动，因为它们只反对"四人帮"、只是请愿要求民主化，并没有把矛头直接指向中共的政权和现行的体制。

既然文革中根本没有"一个文革说"学者所指的那种"革命"（无论是"人民文革"还是"毛文革"），为什么他们对属于"改革运动"的文革造反运动与党的运动的迥然性质视而不见呢？这是因为"一个文革说"是建筑在一个错误的理论框架下的学说。按照"一个文革说"的观点，亿万群众卷入文革的原因是由于林彪和"四人帮"的蛊惑挑唆、是不明真相。他们认为尽管造反派的行为动机中包含了反官僚的因素，但是这种逆反的作用有限。有学者更明确地提出，民众不辨真伪、失去个性、没有推理能力，变成了乌合之众。还有学者更明确地提出，造反派是"疯子"、消遥派是"傻子"。

认为民众智力低下、是疯子、是傻子的作法是有理论根据的，这就是"乌合之众论"，代表人物是勒庞，代表作是1895年发表的《乌合之众》。遗憾的是，"乌合之众论"早在上世纪的70年代就已经被"不名誉地开除出"了社会运动学的研究领域，是只"死老虎"。

西方学者在分析文革造反运动时运用了马克思的"社会冲突论"的理论。马克思主义虽然没有提出专门的社会运动理论，但是马克思主义本身就是一个关于社会运动的理论。马克思主义的基本观点是：无产阶级和资产阶级之间的矛盾是不可调和的，只要资产阶级掌握权力一天，工人阶级的工作和生活条件就不可能真正得到改善。该理论的核心是社会的不平等必将导致革命运动的爆发，阶级利益是社会运动的核心。由于受"必然性"的影响，认同"社会冲突论"的学者往往把文革中的矛盾归咎于集团利益冲突，家庭出身问题成为突出的矛盾，保守派由出身好的人组成，激进派中出身不好的占多数，阶级背景的对立转化成红卫兵和造反扔的派性。

文革中暴露出来的社会矛盾并非一朝一夕产生。为什么文革前17年这些矛盾并没有导致民众大规模的反抗？结构条件并不能自动导致民众的反抗，"资源动员论"显示出了优越性。该理论认为运动的发起不仅需要存在的社会矛盾和冲突，还需要社会资源。"政治过程论"强调不仅需要民众的反叛意识还需要政治机会。民众有了额外的机会，运动才发动起来。"新社会运动理论"强调后物质主义的价值追求，跳出了过去的经济范围，文革中曾出现过一些"经济主义"运动，但是民众关心的更多是政治问题。由于"社会冲突论"存在的缺陷，该理论的运用受到了限制，以阶级斗争为基础的"社会冲突论"在上世纪70年代开始失去了往日的威力，退出了历史舞台。

"社会冲突说"的另一个问题是其分期问题。"内乱说"把文革作为十年一起否定出于政治考虑。邓小平很"策略地"把三年造反和不受欢迎的七年镇压混合起来，使造反派成了文革罪孽的两个最重要的集体记忆之一：上层是林彪、"四人帮"，下层是造反派，造反派成了诬陷、阴谋和暴力的代名词。当局将文革定为十年，使得许多人把造反派诞生前和造反组织已经解散后受迫害的账也算到了造反派头上，在各种复旧风、翻案风、平反风、昭雪风中，当局为过去遗留下来的问题和不公正找到一个容量巨大的替罪羊。"文革三年说"可以撇清当局对造反派的妖化，至少文革后七年自上而下的党的运动的迫害账不能算在造反派头上。

然而，这种因噎废食的作法忽视了群众运动和党的运动之间的联系。中国是一个专制的国家，不同于西方社会的民主国家，生活在或者曾经生活在中国的华人有深刻的切身体会。除了文革初期毛为了打败政敌的特殊情况，执政党对群众运动一直视为洪水猛兽，持"两个文革说"者也不得不承认，没有"毛文革"就没有"人民文革"，两个文革的关系是相互利用，相互交错，文革不是要么"人民文革"要么"毛文革"的问题。

中国是一党天下的专制国家，与西方民主国家有着诸多的不同。最重要的一个差别是群众运动的生存条件，中共历来实行禁言禁党的政治高压政策和对社会的严密控制，草根的社会运动在中国大陆基本上没有生存空间，无法有效地向民众传播自己的主张。自下而上的草根运动的兴起和发展壮大几乎不可能，自发和自主的社会改革运动的可能性几乎不存在。文革中的造反运动虽然有其独立性，应该与党的运动区别对待，但是造反运动并不像西方国家里的民主运动那样享受真正的自主权，并不完全独立。由于忽略了以上这些区别，不少西方学者未能正确地理解文革和造反运动之间的关系。西方学者一边倒地持文革三年的观点，原因是在西方国家不以推翻现行政权的社会运动司空见惯、习以为常。深受"社会冲突说"影响的"二个文革说"的中国学者提出"人民文革"作为一种妥协和让步，这是因为中国学者经历过文革，对中共及其体制有更深刻的体会。

"两个文革说"的问题与"一个文革说"一样，问题也出在理论框架上。该学说基于一个已经过时了的理论——"社会冲突论"。"两个文革说"的另一问题是其错误的定位，认为文革中的群众运动是一个利用皇帝打倒贪官污吏，争取自身权力的不自觉的带有民主色彩的"人民起义"和"人民革命"。面对"一个文革说"极力否定"人民文革"的存在，"两个文革说"的学者只好牵强附会，把文革中民众的"改革运动"硬说成是"革命运动"。在这个问题上，"一个文革说"和"两个文革说"犯了一个错误。两派学者忽视了社会运动学中对社会运动的分类，没有认识到："只反贪官不反皇帝"的群众运动有其合法地位。

近年来，有学者提出了有别于上述四个理论的第五种理论。他们认为，文革涉及全中国的亿万民众和中共的各层官僚，文革不是"内乱"，不是革命，也不是一个运动，而是一场为谋取利益的斗争，是诸多的决策主体根据掌握的信息和对自身能力的认知，做出有利于自己决策的一场经济和政治斗争。

现代数学中的博弈论是应用数学的一个重要分支，是在多个决策主体之间行为具有相互作用时，做出决策的一种行为理论。当相互发生作用的当事人之间有一个具有约束力的协定，博弈属于合作博弈，反之，博弈是非合作博弈。按照参与人对其他参与人的了解程度，博弈又分为完全信息博弈和不完全信息博弈。完全信息博弈是指在博弈过程中，每一位参与人对其他参与人的特征、策略及收益有准确的信息。如果参与人对其他参与人的情况了解得不够准确，博弈就是不完全信息博弈。文革属于不完全信息的博弈。中共的保守派和温和派对毛的目的并不清楚。毛对中共的保守派尤其防备，保守派对毛的意图不甚明了，以至于保守派在文革一开始处处被动，几乎全军覆没。同样，民众中的激进派和温和派对毛的意图也不甚理解，所以迟迟不敢有所动作。毛不得不千方百计动员民众起来造反，达到他的目的。

　　文革的前三年中，激进派和温和派联合起来对付保守派，保守派无情地打压民众的激进派。当保守派垮台以后，民众的激进派和温和派发生分裂打派仗。毛通过用军队依靠"三支两军"的方式控制群众组织，用文革中的新文官入主军队制衡军队中的保守派，用民众反对保守派。毛泽东依靠小将，不靠谱；依靠老将，不放心；依靠军队，不可靠；依靠工人，又不行。走马灯，恶性循环，他自己也收不了场。保守派失势以后，党内的激进派分裂，林彪集团倒台是激进派内部分裂的结果，民众的激进派受到残酷的整治。文革的后七年是党内的激进派、温和派与保守派之间的斗争，最终以激进派彻底失败而告终。文革是一场混战，六个集团没有固定的同盟，没有长久的利益，没有真心的合作，各打各的算盘，是一场非合作式的博弈。

该派学者对文革的定义是：为期十年的文革是中国现代史上的重要事件。文革中，党内外的激进派、温和派和保守派六个集团间和集团内进行了一场不完全信息的非合作式的博弈。文革以保守派失势开始，以激进派完败而告终。该派理论对文革定义可以简称为"博弈说"。

　　以上提到的五种理论似乎都有一定的道理，谁是谁非呢？欲知正确答案，且看最后一章分解。

# 为什么会发生骚乱

背景资料一：2011年8月初在英国首都伦敦发生了一系列的社会骚乱事件，导火索是一名29岁的黑人被伦敦警察射杀，民众上街抗议警察暴行。骚乱很快扩散到伯明翰、利物浦、利兹、布里斯托等地，青年焚烧警车、公共汽车和沿街建筑，切断交通，占领高速路，劫掠数十家店铺。

背景资料二：2006年，德国和波兰足球大战。赛前，德国警方一直在想办法严防球迷暴力事件，但是还是没能防住。6月6日爆发了一起大规模的足球流氓与警察的冲突事件，近200名德国和波兰足球流氓被逮捕。

背景资料一中英国发生的骚乱有深刻的社会和经济原因，类似这样的骚乱在世界各地时常发生。例如，2005年10月在距离法国巴黎市区九英里远，一个叫做克利希苏尔瓦郊区的地方，发生过一场骚乱，起因是两名北非裔少年，为躲避警察追捕，藏进变电站不幸触电身亡，引发了遍及法国数十个城镇的骚乱。背景资料二提到的情况也是一种骚乱，但是触发的原因并不相同。

按照社会学家的观点，人们的行为可以分为："个人行为"和"群体行为"。[①]个人行为是个人的事，没有与其他人预谋或联合。群体行为与个人行为不同，是多人的行为。群体虽然是由个人组成的，但是群体行为与个人行为不是简单的数字相加。在这里，一加一不等于二，可能等于三、等于四、甚至更多。因为数千人分散在各处，并不会造成多大的影响，可是当数千名球迷组成疯狂的群体，其破坏力不可小视。这一情况促使社会学家开始研究群体行为，以便人们更好地理解它，采取必要的预防措施。

群体有两种不同的形式。一种是有目标的群体，我们把它叫做"团体"。团体是指在共同目标的基础上，由多人形成的组织，行为是成员在组织基础上进行的活动。团体行为的特征是，成员具有共同的需要和目标，有共同的规范和行为规范。近年来中东出现的反政府游行示威，属于团体行为。尽管此类团体行为也会演变成

---

[①] 英文是 Collective Behavior，又译作"集群行为"，"集体行为"，"积聚行为"和"聚合行为"。Collective 在英文中是一个非常普通而又常用的词汇，原意为"集合"，"集体"。在西方，"群体行为"的叫法经历了演变。由于语言的差异，中文要表达其中的区别，有不少困难，所以叫法五花八门，如"集体"，"团体"，"集群"，"聚合"和"聚集"。这些叫法本质上是差不多的，表示一群人聚集在一起的意思。我们在这里采用通俗易懂的说法：群体。

骚乱，但是它们与背景资料中提到的情景有本质的区别，因为反政府游行和示威有着明确的政治目标。

群体的另一种形式是无目标的群体，其成员一些相对自发的、没有组织的、甚至没有共同目标的个人组成，人群中的每一个成员相对自由，有较大自由空间。由于没有严密的组织结构，互相之间又不认识，所以不受现有的规范和标准的限制。这种不安定的状况，为群体行为的失控埋下了伏笔，会导致群体行为出现盲动行为，火爆性和不可预测性是这种群体行为最为明显的特征。

当参与的成员有情绪，或者人群中流行着反社会、反制度的思想，群体行为会演变成暴力行为，一旦人群受到刺激而形成某种群体行为时，我们无法预测这种行为会造成什么结果。如果我们把贬意的成份去掉，群体在这里理解成"乌合之众"更合适一些。

汽车行驶需要燃料，群体行为的燃料是人们的情绪。心理学家认为，人类有三种基本情绪：恐惧、欢乐和愤怒。我们可以把群体分为"惊慌的群体"，"疯狂的群体"和"仇视的群体"。背景资料一里的人们属于仇视群体，而背景资料二里的人们则属于疯狂群体。

惊慌群体主观上并不想对社会或其他个人造成伤害，由于恐慌身不由己，无意中伤害了别人或者被人伤害。2010年11月22日夜里，柬埔寨首都金边钻石岛的一座桥上发生了严重的踩踏事件，造成至少349人死亡，550多人受伤。根据事故调查特别委员会的说法，发生事故的原因是因为桥身晃动引起恐慌造成的。那座桥是一座斜拉桥，人们可能对它不够了解，所以当桥因人多出现晃动时，有四、五个人出现眩晕摔倒了。有人认为大桥要垮塌了，大喊大叫起来，拥挤的人群开始相互推搡，引发了这起重大的伤亡事件。

群体行为的产生有三个原因。首先是"社会原因"，社会成员因观念、信仰和价值观的不同，特别是贫富不均，引起群体行为，对于不稳定的社会状况或社会变迁，人们会以群体行为的方式表示不满。第二个原因是"偶然事件诱发"，触发群体的反应，引发群体行为。第三个原因是"大众传媒"，由于传播技术的进步，人们可以迅速获知社会各角落所发生的事情，引发群体行为的发生。

社会学家提出了几种理论来解释群体行为。"传染理论"认为，群体的相同态度和行为是一个逐渐的发展过程，明显地带有传染性。群体会对参与的成员产生激励作用，使参与的成员抛弃原有的责任心、道德观念和行为准则，开始接受并进行出格的行为，导致这类行为迅速扩散，像传染病一样很快流行开来。

德国的足球骚乱很能说明问题。当警方准备把一部分足球流氓带出餐馆时，这群人开始扔瓶子、摔椅子、放焰火。受这伙流氓的感染，在旁边不远处的街区，几拨德国和波兰球迷也因言语不合开始动手，骚乱就这样一发不可收拾。人群在骚乱中发展出一种情绪气氛，驱使人群做出非理性的、甚至暴力的行为。

"聚合理论"与传染理论都强调，群体导致个人表现出某种行为。不同的是，聚合理论认为，参加行为的成员不是互不相识或没有任何关系的人们。他们带有共同的观点和共同的信念，企图实现某个行动，或者为实现某个理想走到了一起。物以类聚、人以群分，在这样的群体中，人们自愿抛弃个人的利益，甚至自己的生命。

这一情景与无线电里的自激有点相似。开大会的时候，如果扬声器与话筒放置不当，会发出刺耳的啸叫声。当话筒发出声音后，经过放大器从扬声器发出来，经过放大的声音返回到话筒里，再一次放大，又从扬声器里发出来。这样无限地循环下去，本来清脆悦耳的声音变成令人难以接受的尖叫声。

群体行为的发展与无线电里的自激很相似。话筒像个人，扬声器相当于群体，个人做出行为以后，经过人群的放大，反过来影响个人，个人又反过来影响群体，整个群体就自激起来，无法停下来。

按照该理论的观点，群体的行为应该是理智的，因为参与者有共同的信念和观点。事实上有些情况下，尽管群体有共同信念，理应保持理智，但是巨大的群体所激起的情绪会失控，最后演变成为破坏性极大的骚乱。

如果说前面两种理论强调个人因素的话，"突生规范理论"[①]则更加强调社会的作用。有的人加入群体，开始的时候并不带有恶意，但是他们很快被群体的情绪感化，跟随着群体做出出格的事情。人在正常情况下有辨别是非的能力，知道哪些事可以做，哪些事不能做，但是在群体聚集的情况下，人的价值观取向变得很容易受周围人的影响。人们似乎有了一致性，如果有人采取一种行动，很容易被大家视为是正常的而被人们接受。这

---

[①] 英文是 Emergent Norm Theory，也有人把这一理论译为"紧急规范理论"。"紧急规范"的译法值得商榷。Emergent 在这里更多的是"新出现"的意思。

种行为模式出现后,会成为支配全体参与者的突生规范,对不遵守突生规范的人造成一种压力。

群体也可能是由遭遇共同问题的人所组成,他们对解决问题的看法各不相同,参与者在现场达成突生规范,要求每个人遵守并抑制反对者。背景资料一提到,许多年青人跑到商店里公开地抢劫商品,他们大多没有犯罪记录,没有参与过打砸抢,他们参与干坏事,只是因为其他人这么干,他们以为也许可以逃脱法网不受惩罚。

美国的一位社会学教授讲述了他亲身经历的一件事。他的一位同学准备跳楼自杀,爬上了高楼,正犹豫不决。他的出现被楼下的同学看到了,同学非但没有设法劝阻他,反而在下面狂叫,"跳,跳!"接着越来越多的同学聚集在下面,跟着大声嚷道,"跳,跳!"在数百名甚至上千同学的怂恿下,这位同学真的跳下了楼自杀身亡。等到人死了,许多人才意识到刚才的愚蠢行为,但是为时已晚。

突生规范理论既不认同传染理论,认为群体行为缺乏理智,也不认同聚合理论,认为群体行为是理智的。突生规范理论在两者间取了中庸之道,认为群体行为是在现场由参与者造就临时出现的规范,控制整个群体的行为。

传染理论认为,群体的相同态度和行为有逐渐的发展过程,带有传染性;聚合理论认为,参加行为的成员带有共同的观点和信念,企图实现某个理想;突生规范理论强调社会的作用,有的人加入群体,开始时并不带有恶意,但是他们很快被群体的情绪感化,跟随着群体做出出格的事情。

以上三种理论从不同的角度解释了产生骚乱的原因,究竟谁是谁非呢?欲知正确答案,且看最后一章分解。

# 民众恐慌是如何产生的

背景资料：2011年3月中旬，中国许多地方出现抢购加碘食盐的风潮。网上盛传日本核泄漏将扩散到国内，补碘可以防止核辐射，而海水质量将受到核污染，今后产的海盐不安全。谣言导致全国性食盐抢购的发生，仅3月17日一天，四川省食盐的销量达到1.8万吨，平日里，全省食盐的日销量仅为1,000吨。江苏南京有一位女士，以每包8元钱的价格买了50包盐，眼看着超市里重新铺满的1元多1包的盐，这位女士后悔了。按一家三口人推算，这位女士抢购的碘盐需要用将近4年的时间才能吃完。

抢盐风潮的起因与网上盛传的谣言有关。社会学家把谣言分为三类："希望谣言"，"可怕谣言"和"攻击谣言"。

"希望谣言"反映了公众的期望和希望。曾有谣传说住房和城乡建设部已在调研10年房改的得与失，可能进行"二次房改",遗憾的是谣言很快被正式否定了。这是一个典型的希望谣言。"可怕谣言"反映了民众的担心和恐惧,背景资料一中提到的关于核辐射的传言是可怕谣言的例子。民众对核辐射有恐惧心理,谣传不胫而走,越传越玄,最后导致抢购风潮。"攻击谣言"的目的是为了破坏人与人之间的关系,网上出现恶意攻击某人的谣言属于这一类。奥巴马竞选时,有谣传说他是穆斯林。恶意谣传比好意谣言传得更快更远,这一发现印证了中国的俗语"好事不出门,恶事传千里"。

与谣言类似的是"传闻",传闻和谣言的意思差不多,都是指没有根据的传说,有的地方把传闻叫做"八卦"。美国有一些小报专门发布各式各样的八卦新闻,此类消息只能作为消遣不能当真。

谣传流传开来之后,人们会对谣传做出反应。在这一过程中,"从众现象"值得一提。所谓从众是指个人受到群体的影响而怀疑、改变自己的观点、判断和行为,以便与他人保持一致。

"线段实验"(也称为阿希实验)是研究从众现象的经典心理学实验。自愿者被告知,实验的目的是研究人的视觉情况。当实验者走进实验室的时候,他发现已经有6个人先坐在那里了,其实这6个人是跟研究人员串通好了的"托儿"。研究人员要大家做一个非常容易的判断,比较线段的长度。他拿出一张卡片,上面画着一条竖线,然后让大家比较这条线和另一张卡片上的三条线,从三条线中找出与这条线一样长的那条线。

这些线条的长短差异很明显,正常人很容易做出判断,但是在两次正常判断之后,6个托儿故意异口同声地说出一个错误答案。于是实验者开始迷惑了，他应该坚持自己的意见，还是附合别人呢？研究结果发现，平均有37%的人判断是从众的，有75%的人至少做了一次从众的判断。而在正常的情况下，人们判断错的可能性还不到1%。

为什么人们会从众呢？首先是社会规范的影响，遵循社会规范可以得到褒奖，违背社会规范会受到惩罚，所以人们尽力与社会的多数人保持一致。其次是社会信息的影响，一个人与众人保持一致，他与众人的关系就会密切，众人可以给他提供有价值的信息。如果一个人与众人对着干，人家就不会为他提供信息，包括小道消息。最后是当判断有难度时，人们更容易听取旁人的意见。从众心理在很大程度上影响个人和民众的正确判断能力，成语"人云亦云"非常贴切地描述了从众现象。

从众心理的作用大小取决于三个因素。参与的人数越多，人们越容易从众。如果线段实验不是6个人而是60个人，实验者从众的可能更大。参与的团队对于个人的重要性也很重要，在线段实验中，如果6个托儿是自己尊敬的人（如老师和长辈），从众的可能越大。参与的人关系越密切，影响力也越大。如果小组中的人是自己的好朋友，我们从众的可能也会大一些。

抢购碘盐风潮涉及的人很多。很多情况下，消息是在亲朋好友中传播的，所以使人感到可信度很高，许多人失去了往日的理智，跟着众人做出了荒唐的事情。导致众人抢购碘盐还有一个因素，这就是"参考群体"。参考群体是指个人从属的群体，人们会把参考群体的价值观和规范作为评判的基准和依据。二战时期，美国的社会学家研究过美国大兵的士气和晋升之间的关系。按常理，一个单位里的成员提升得比较快，大家应该比较满意，一个单位里，大家晋升得比较慢，单位的成员应该不满意。然而事实却相反，研究者发现提升快的单位里的美国大兵，心存不满意的反而更多。

这是为什么呢？关键在于单位里的人是如何衡量自己的进步。如果大家提升得都很慢，人们没有什么好说的，反正大家都一样，比较容易满足。在提升比较快的单位里，人们与那些幸运的人相比，尽管自己提升得并不慢，可是相比之下显得自己升得慢，所以心里并不满意，这就是前面提到过的"相对剥夺"。这一现象我们中国人把它叫做"攀比"，或者叫做"不患贫，患不均"。

攀比的另一个作用是导致"跟风"。人家买了许多盐，我们家也不能落后，所以民众开始疯狂抢购碘盐了。谣言不胫而走，在从众心理的支配和攀比心理的推波助澜之下，民众产生了恐慌。

按照影响的范围大小，社会学家把恐慌分为两类，一类叫做"恐慌"，另一类叫做"民众恐慌"。[①]前者指的是小范围内的恐慌，如某个着火的剧院，某个发生爆炸的化工厂，某个因为游人太多发生踩踏的景点等等。后者指的是范围比较分散的恐慌，如全国性的抢购碘盐风潮。在民众恐慌中，参与的人可以分布得很远，可以没有任何关系。某些民众由于感到危险，采取了不理智

---

① 恐慌的英文是 Panic。民众恐慌的英文是 Mass hysteria，也译作"群众歇斯底里"。英文还叫作 Collective hysteria，Group hysteria，Collective obsessional behavior。

的行动，这一部分人的行为很有传染性，于是一传十，十传百，百传千，星星之火立即成为燎原大火。

恐慌造成的后果常常是严重的。2011年2月，江苏响水的爆炸谣言引发数万人逃命，有4人在这一事件中丧生。除了发生伤亡以外，恐慌还会产生一种与心理作用有关的病症。2009年，美国得克萨斯州的达拉斯地区有34位学生因中毒症状被送进了医院，其实他们并没有中毒，只是因为他们以为自己一氧化碳中毒了。

虽然造成恐慌的原因多种多样，但是归根到底是恐惧。由于恐慌会造成严重后果，各地的政府应该有应对措施加以防范，尽量减少损失。作为民众，我们应该保持冷静，不要人云亦云，跟着起哄造成对自己和对他人的伤害。

产生恐慌还有哪些原因呢？欲知正确答案，且看最后一章分解。

# 为什么会有社会变革

背景资料一：上世纪的六十年代，当西欧和美国从工业社会向信息社会转型时，出现过一次影响深远的"青春浪潮"。美国的反战青年在五角大楼前聚会，高喊"要作爱不要作战！"法国青年则提出"要禁止一切禁止"。一些政党和政治人物纷纷表示支持，如后来的法国总统密特朗、德国总理勃兰特和美国总统克林顿。这股浪潮引发了女权运动、和平运动、种族平权运动、同性恋平权运动和保护生态运动。数十年前欧美青春浪潮表现出的价值观，深深地影响了今天的社会。

背景资料二：1963年黑人民权领袖马丁·路德·金组织争取黑人工作机会和自由权的华盛顿游行，于当年的8月28日发表了著名的演讲"我有一个梦想"，号召消除种族歧视和争取种族平等权力。美国国会在1964年通过《民权法案》，宣布种族隔离和种族歧视政策为非法政策，美国黑人的社会地位开始显著改善。

欧美的"青春浪潮"和美国的黑人"平权运动"改变了社会，对当今的社会产生了不可估量的影响。从广义上说，社会的变革是社会关系的变化。女权运动、种族平权运动和同性恋平权运动所造成的社会变化，表现在男女之间、不同种族群之间和同性恋与异性恋之间的关系上。以前男女不平等，黑人和白人不平等，现在平等了，这就是社会变革。从这个意义上讲，社会变革无时不有、无处不在，是人类社会的一个基本特征，社会风俗习惯和社会规范的不断变化是很好的证明。

早期的社会学家受生物学的影响和启发，把社会看作生物，认为社会变革存在以下三个性质。首先，社会变革是不可避免的，封建社会经过发展必然导致资本主义的产生。第二，社会变革是单向的，像水那样往低处流，而不会反过来往高处走。社会像人一样，从婴儿逐渐成长走向成熟，社会必然由原始社会向共产主义社会发展。第三，社会变革存在阶段性，社会不可能跳过某个阶段直接进入下一个阶段。

近代社会学家的观点有所改变，认为社会可以跳过某个阶段，如美国的印第安人部落从落后的原始社会直接进入现代社会，中国从落后的半封建、半殖民社会直接进入社会主义社会。而且社会变革并非不可避免，变革有可能发生，也有可能不发生，工业革命和信息革命并没有出现在许多落后的国家和地区，这些国家和地区至今仍处在落后的农业社会。

社会变革有四个比较明显的特点。首先，尽管社会变革时刻存在，但是社会变革的速度却不尽相同，有的地区快一些，有的地区慢一些；有的时候快一些，有的时候慢一些。农业革命经历了很长时间，工业革命的发展速度快多了，而信息革命则更加快，100年不到的时间使世界大变样。

第二个特点是，社会变革有的时候是人为设计的，而大多数情况下是偶发的，出乎人们的预料。当电子计算机刚问世时，人们知道它将帮助人类提高计算速度，可以解决人类无法进行的复杂计算，但是当时很少有人会预想到计算机将引起信息革命，彻底改变人类的生活。突尼斯的一位小商贩自焚时，谁也没有想到，该事件会导致中东数个国家的政权更迭。

第三个特点是社会变革富有争议性，美国的同性恋平等权力问题在民众中引起极大的争议，2008年大选，加利福尼亚州的民众对是否允许同性者结婚的提案进行公投，有700多万人反对，640多万人同意。此次公投，双方投入8,000多万美元，两大政党和无数团体卷入其中。

最后，社会变革的后果不同、影响不等，有的变革昙花一现，有的变革意义深远。中国人发明造纸和印刷技术对中国的社会造成巨大的影响，使得文化普及有了可能。但是同样是中国人发明的指南针和火药，对中国社会起的作用和影响就小得多，我们只是把火药作为焰火观赏，没有用来开矿山和发展武器，指南针也没有运用在航海上，使中国成为航海大国。

引发社会变革的原因有可能来自社会内部，也有可能来自社会的外部。引起变革的原因很多，我们在这里列举几个主要的原因。造成社会变化的第一个原因是"文化"，这里讲的文化是广义的，不是我们平常说的文化知识，而是指人类在社会历史发展过程中，创造的物质财富和精神财富的总和。

一个社会的文化是在不断地变化的，文化的变化通过三个途径促使社会变革：物质性的发明，理论性的发现和不同社会之间的交流传播。物质性发明引起变革的最好例子莫过于计算机的发明，从计算机发明到现在不过数十年时间，计算机带来的社会变化是显而易见。不同社会之间的交流传播导致变革的例子可以用中国的改革开放来说明，中国实行开放政策，引进了西方的先进技术和思想，导致中国社会的巨大变化。

第二个原因是人们的思想变化。西方的卡尔文教提出新的教义，使得新教徒们远离世俗的寻欢作乐、比较节约、注意投资、不虚度光阴。这些作法对于促进早期的资本主义发展，起到了促进作用，造就了许多成功的企业家和商人。改革开放以来，中国人的思想有了转变，中国人开始敢于求富，造就了众多的富人，极大地改变了中国社会。

冲突也是造成社会变革的原因之一。由于社会矛盾和冲突的升级，社会不得不进行调整，缓和矛盾和冲突。美国的种族矛盾和冲突对美国的社会稳定造成了威胁，人们意识到，如果不采取必要的措施加以缓和，矛盾和冲突会危及整个社会，所以一系列消除种族不平等的法案出台。目前世界各国普遍面临贫富两极分化的问题，贫富之间的矛盾日愈尖锐，如果处理不好，很可能引发社会动荡。

自然环境也是引起社会变革的原因之一，人类从未像现在这样面临着严峻的挑战。工业革命以来，人类对环境造成的破坏到了无以复加的程度，严重的环境污染已经威胁到人类的生存，各国出现的环保运动正推动着社会的变化，改变着人们的生活方式和习惯。

引起社会变革的另一个原因是人口的变化。2011年10月31日，世界人口达到七十亿，爆增的人口已经使许多地区不堪重负。更加糟糕的是，一方面人口爆炸，城市已经开始容纳不下，另一方面人口老年化，缺少劳动力，西方先进国家不得不提高人们的退休年龄，以便减少年轻人的负担。

引发社会变革的原因有文化、人们的思想变化、社会矛盾和冲突的升级、自然环境和人口的变化。社会在不断变化，处在社会变革中的人们必须不断地调整，以适应新的情况。那么引起社会变革的最主要的原因究竟是什么呢？欲知正确答案，且看最后一章分解。

# 世界上有几种经济模式

背景资料一：美国的经济经历了戏剧性的演变，从1776年建国至今只有230多个年头，却从一个经济上不起眼的国家成为世界上经济第一大国。翻开它的发展史，我们可以看到，美国经历了一系列触目惊心的经济危机，1807经济大萧条，1837年经济大萧条，1873年经济大萧条，1893年经济大萧条，1929-1939年经济大萧条，1974-1975年经济衰退，1980-1982年经济衰退，2001年经济衰退，以及2008年开始的金融危机。

背景资料二：2011年9月30日，希腊政府工作人员和工会成员占领了政府办工大楼，阻止来自国际货币组织的官员对希腊进行风险评估，以决定是否出手救助希腊的金融危机。抗议人员坚决反对希腊首相试图削减工资和福利的决定。为了应对希腊的危机，希腊政府决定执行节俭计划，削减政府工作人员的工资，解雇 30,000 名公务员，并且增加房产税。这些措施虽然为希腊免于经济崩溃赢得了时间，但是没有赢得希腊人民的认同，那些投赞成票的议员甚至不敢回到自己选区的所在地，担心遭到选民们的痛贬狠批。

自从 2008 美国出现金融危机以后，世界广大的地区和国家深受其害，受到严重的拖累，经济成了人们关注的问题。为什么会发生经济危机？这个问题与美国以及世界各国的经济模式有着密不可分的关系，分析各经济模式及其特点，对理解目前的经济危机不无帮助。

按照美国一位经济学教授的意见，世界经济可以分为四种模式，即"资本主义"，"社会主义"，"民主社会主义"和"发展中经济"。

资本主义模式的首要特点是，财产归私人所有，私有制受法律的保护。在资本主义国家里，"风可进，雨可进，国王不可进"是古老的法理名言，是著名的法律原则，也是财产私有权利保护的先进理念。私有财产不仅仅指个人的钱财和生活用品，还包括工厂企业、商店、房地产和自然资源。在美国如果一个人拥有的地产下面发现了石油，石油公司开采石油时，每年得向他交纳矿区使用费。

资本主义的第二个特点是，鼓励个人追求收益和利润，美国的独立宣言名正言顺地把"追求个人幸福"写进宪法。资本主义没有"共同富裕"的概念，推崇个人奋斗、个人致富。现代经济学创立人亚当·史密斯主张个人逐利，他认为如果个人富裕了，社会才会真正富起来。

资本主义的第三个特点是自由竞争，如果自由竞争受到阻碍，那只"无形的手"就不会把工作做得恰到好处。亚当·史密斯相信自由贸易，坚决反对高关税，反对政府对商业和自由市场的干涉，认为这样的干涉会降低经济效率，使公众付出代价。

美国、英国、法国、德国和日本等国是资本主义模式的代表，自由竞争和自由市场是资本主义的核心。自由竞争反对政府干预，与中国的老子不谋而合。老子主张"无为而治"，奉行黄老治术的"文景之治"是中国历史上少有的稳定富裕时期。自由市场以消费者为上帝，消费者出于自身的利益，货比三家选择价廉物美的商品。提供商品的商家为了满足消费者的需要，发展先进技术提高效益。一个以个人利益为出发点的社会，最后达到人人都是赢家的结果，亚当·史密斯生动形象地描绘这一情景是一艘没有船长的大轮船却不偏离航向。

然而事实却并非像人们预期的那样，背景资料一提到的美国历史上发生的多次经济萧条、经济衰退和危机，正是没有船长的大轮船触礁的表现。尽管对于发生危机的原因专家们的意见莫衷一是，但是有一点是可以肯定的，资本主义模式并不完美，它存在着不少问题，而且问题还不小，这一点从美国发生危机的频率可以略见一斑。在1930年以前，危机大约过30-40年出现一次，可是从1973年开始，美国的经济危机几乎每10年就出现一次。

第二种模式是"社会主义模式"，强调公有制和计划性。社会主义的第一个特点是财产公有，中国曾经有过这样的经历。中共刚建政时，中国实行过供给制，干部不发工资，一切都是由国家分配。在社会主义模式中，私人不能拥有工厂、企业、商店和房产，土地和自然资源归国家所有。

社会主义的第二个特点是，生产和服务不是为了追求利润，而是为了造富于民，所以社会主义不主张个人发家，提倡共同致富，"一平二调"和"贫富拉平"可以用来消灭贫富差别。由于生产和服务的目的是造富于民，生产者和服务者本身又是受益人，所以不需要资本主义式的管理，社会主义的管理是建筑在自觉基础之上的。

社会主义的第三个特点是计划经济。因为社会主义体制的目的不是为了追求利润，是为人民服务，所以生产和服务必须由国家按计划发展。资本主义国家发生经济危机的原因之一是生产过剩，因为资本主义缺乏统一的计划，社会主义的计划经济从理论上说可以避免这种情况。

前苏联和以前的东欧各国是这一模式的代表。理论上讲，社会主义模式能够最大程度地发挥人的积极性，效率应该是最高的，可是事实也不像人们想象的那样。公有制非但没有产生比资本主义更高的效率，由于国家的计划常常与需求不符，人民的生活成了问题。以前苏联为首的社会主义模式没有成功，由于经济的拖累，前苏联集团垮台不复存在了。

第三种是"民主社会主义模式"，其定义有不少争论。这里采用美国流行的说法：在政治上通过民主选举，在经济上由政府参与控制的市场经济，从而减小贫富差别的一种经济模式。民主社会主义试图综合资本主义和社会主义的优点，在政治方面，由于采用民主选举，民众有较多的话语权，在经济上，民主社会主义推崇国家参与，所以国有企业占了很大的比例。当然私有企业也是允许的，公有制和私有制并存。国家为了更好地控制经济，会出台很多规定和法规，这一点很像社会主义模式。

该模式的代表国家有瑞典、希腊和挪威等国。这是一类被人们称之为高福利的国家，人民享受着国家提供的高福利，生活很悠闲。当然代价也是有的，那就是高税率，每一个有工作的人需要交很高的所得税，国家用缴上来的税收设立许多利民项目。如果有人失业，他们可以享受失业救济，退休以后人们可以享受丰厚的退休金。该模式下的人民生活，用悠闲和舒适来形容一点也不为过。

背景资料二中提到的希腊就是一例。由于民众的高收入、高福利和公有制的低效率，希腊的经济出现了问题（当然还有其他原因，这里不赘述了），国家到了经济崩溃的边缘。按理说人民应该与自己选出来的政府齐心协力共渡难关，可是这些养尊处优、享受惯了的希腊人，宁可让自己的国家破产，也不愿做出个人牺牲，硬是上街抗议，反对政府的救市行动。

欧盟多个国家出现经济问题说明，民主社会主义模式也存在不少问题。高福利固然好，可是代价是高税率和过多的国家干预，对提高民众的积极性和提高社会的效率不利。有的国家已经开始考虑减少福利，减少国家干预，说明民主社会主义模式遇到了麻烦，如何走出困境，世人正拭目以待。

最后一种是"发展中经济模式"。上面三种模式指的是比较发达的国家，凡是不能归入前三种模式的国家属于此类模式，包括印度、非洲和拉美国家。有的发展中国家在经济发展上取得了一定的成绩，如巴西和印度等国，但是在世界经济体系中仍然处于落后地位。发展中国家国内的工业体系不完善，经济增长主要靠初级产品和出口来带动。发展中国家作为一个群体主要表现为宏观经济、政策体制和人力资源等国内发展指标处于相对低的水平。

由于发展中国家经济结构脆弱、生产能力滞后、基础设施和公共机构不健全，经济发展面临很大挑战。这些国家要实现经济发展，首先需要摆脱依赖原材料和低附加值产品出口的经济模式，实行经济多样化战略，发展中经济模式的发展道路将是不平坦的和艰辛的。

其实，世界各国的经济模式可以用两种模式来解释，即资本主义模式和社会主义模式。这两个模式是一个连续线上的两个端点，资本主义是一端，社会主义是另一端，各种模式处在连续线上不同的点。世界上百分之百的资本主义和百分之百的社会主义模式是不存在的。例如美国虽然属于资本主义模式，但是美国政府对经济的干预并不少，美国联储局一言九鼎，把握着美国经济的命脉。有人认为，美国多次的经济危机是由于政府干预过多造成的。社会主义模式里，私有制不是一点没有，只是程度不同而已。

那么政府干预和私有制程度的最佳点在哪儿呢？什么样的模式是最优方案呢？欲知正确答案，且看最后一章分解。

# 经济发展的方向是什么

背景资料一：GDP在一个国家各行业的比重反映出该国的经济发展的水平。2010年，美国的GDP中，农业只占1.1%，工业占2.1%，服务业占了76.8%。欧盟的农业占1.8%，工业占25%，服务业占73.1%。而中国的GDP，农业占了10.2%，工业占了46.9%，服务业占43%。印度农业占18.5%，工业只占26.3%，服务业占67.4%。从上面几个数字可以看出，发达国家的经济发展中心，已经从农业和工业中淡出，而发展中国家工业仍占很大的比例。

背景资料二：2011年8月31日，美国司法部宣布将阻止AT&T兼并T-Mobile公司的动议。司法部认为，AT&T和T-Mobile合并将导致美国上千万用户的费用上升，无线服务选择减少，服务质量下降。这是因为，T-Mobile公司的独立存在，对其他三家大公司构成在价格方面的竞争。如果AT&T能够通过兼并除掉T-Mobile

的竞争,广大用户的费用将会上涨。AT&T 不甘示弱,表示将在法庭上奋力一博,最后兼并案流产了。

人类社会经历狩猎和采集阶段、种植和放牧阶段、农业阶段、工业阶段和信息化阶段。农业革命、工业革命和信息革命对人类产生了巨大的影响,三大革命使人类分别进入了农业社会、工业社会和信息社会。

农业社会的主要特征是人类开始使用畜力,生产力有了很大的提高,劳动分工比以前严格,生产围绕着农业,其他方面(如小手工业)占的比例相对来说比较小。例如中国在 1890 年时,制造业和运输业只占国民生产总值的 0.5%。

工业社会的特点是使用机器,生产力大幅度提高,劳动分工更加细化。人类的生产从农业转向了工业,农业在经济中的比重越来越小,而工业的比重却越来越大。在农业社会和工业社会中,人类从事的是大规模的物质生产,如机器制造和粮食生产。由于工业社会依赖自然资源,所以对环境的污染相当严重,老牌的资本主义国家(如英国和美国)和新兴的资本主义国家(如日本),均经历过严重的环境污染阶段。

工业社会以后出现的社会是信息社会。如背景资料一中所示,美国及欧盟等国家已经进入了信息时代。讲到信息社会,有必要谈一下它的定名。过去曾有人提出"后工业时代"、"第三产业时代"、"知识社会"或"以知识为基础的社会"等等说法。这些名词指的基本上是一个意思,但是没有统一的说法。信息社会这一概念首先是由日本人在上世纪的六十年代提出来的，经过几十年的争论，该说法逐步为西方学者所接受。

信息社会的基础是信息的自由创造、自由传播、自由获取和自由使用，信息造成了社会全方位的全球化。而全球化的信息使用引起一系列的变化，人类可以开始以新的方式生活，生活得更好，工作效率更高。更重要的是，人类可以在社会中发挥更大的作用。

各国进入信息社会的准确年代较难确定，有人认为美国在上世纪的五十年代进入信息社会，也有人认为是在六十年代，折中的意见是在上世纪六十年代初。日本大约在上世纪的七十年代，亚洲的"四小龙"在九十年代，欧盟中落后一些的国家（如匈牙利），大约在上世纪末进入信息社会。

信息社会的特点是开发和利用信息资源，社会中心由工业生产转向信息的开发和使用，社会更大程度上依靠以高科技为核心的信息产业。信息社会的劳动力结构发生巨大的变化，产业工人数量剧减，取而代之的是高科技人员、办公室人员和服务人员。农业和工业在 GDP 的比例大幅度下降，信息产业的比重超过前两者。能源消耗减少，环境污染得到缓解，知识受到前所未有的重视。

信息革命不仅带来了物质方面的现代化，也引起劳动方式和生活方式的变化。如果说以前的社会是靠原材料、自然资源和人的肌肉的话，那么信息社会所依赖的是信息。信息未必看得见摸得着，在信息社会中，人们从事的工作和生产并不产生有形的物质。

信息社会对于人的观念的影响是多方面的。首先，信息革命使得人们要求更多的信息。中国的先人早就有"不出户，知天下"的愿望，人类在信息社会里才真正实现了这一理想。人们还要求了解与他们生活密切相关的事情，例如关于商品、服务和各机构组织的信息，以便人们能够做出明智的决定。人们购买一个产品或一种服务，需要了解公司的情况、产品和服务的特点、同类的价格，以便能够货比三家，买到价廉物美的产品和服务。人们对政府和各机构的要求也越来越高，信息不公开、办事不透明，会遭到网民们的痛批。在信息社会里，实行"愚民政策"会比过去困难得多。

信息革命对社会的各类机构也发生影响。信息使政府的办事效率大大提高，数据库技术的发展使得各国政府能够及时收集和分析各方面的数据，从而对经济的发展进行控制。数据库的发展还使得许多国家可以联手打击恐怖主义、对付犯罪分子，美国的国土安全部拥有庞大的罪犯数据库，有前科的犯罪分子很难逃脱法网。美国通过网络战不动声色地破坏了伊朗的铀浓缩离心机是一个高科技的经典战例。

信息技术的发展深深地影响了工商业，信息技术使厂家和商家在竞争中处于有利地位。美国的波音公司在1969年底决定研制波音747飞机时，英法联合研制"协和号"客机的工程早已起动了。波音747只有28个月的时间，是常规时间的三分之二，但是由于波音公司采用先进的计算机设计，按时交出了货。波音747飞机成了"协和号"飞机最强劲的竞争对手，并且在最后战胜了对手。

信息技术的发展使人与人之间的联系大大增强。近几十年出现的英特网、无线手机、电子邮件等促进了信息的交流，拉近了世界的距离，方便了民众和厂家。

信息革命极大地推动了社会生产力的发展，改变了经济结构和社会结构，从而改变世界经济的格局。世界经济的主要特点是以信息革命为基础的全球化，世界分工进一步深化，跨国公司是世界经济全球化的必然产物。全球范围内的竞争愈加激烈。

高科技的发展加剧了全球化的竞争，而全球化的竞争导致全球的垄断。跨国公司的联合和兼并大幅度上升，由于运输、通讯方面的成本下降，全球化竞争越演越烈，全球的经济趋于落入少数大型的跨国公司，这种现象叫做寡头垄断。背景资料二提到的 AT&T 兼并案就是一例。1995 年，美国六大银行所控制的公司的收入占了全球 GDP 的 17%，在 2006 年，上升为 55%，到了 2010 年，上升为 64%。世界五百强 2009 年的总收入占世界 GDP 的 40%。世界上的客机市场只有美国的波音、欧洲的空客和俄罗斯联合公司三家巨头，小型客机只有巴西和加拿大两家公司，其他飞机制造公司很难挤进市场。

资本主义的基础是竞争的自由市场，寡头垄断以后，资本输入减少，发展放慢，对经济的继续发展不利。全球化竞争还促使金融资本全球化，而金融资本的全球化为新的金融危机埋下伏笔，2008 年出现的全球金融风暴和此后出现的欧盟经济危机证实了人们的担心。

未来的经济将向何处去，是人们关心的问题。未来经济将向何处去呢？欲知正确答案，且看最后一章分解。

# 为什么社会学

假如我们的社区里发生了一桩极其残忍的谋杀案，人们会从不同的角度来看待这一事件。警察们关心的是现场的蛛丝马迹和嫌犯的作案动机，以便追踪抓捕案犯。这样的角度，涉及到如何复原事情的经过，如何抓获凶嫌，如何与其他司法机关合作，将凶犯绳之以法。

心理学家会分析罪犯的心理，理解罪犯为什么这样做，例如罪犯以前是否受到刺激或打击。有的罪犯因为恋爱受挫，或与同事和家人关系不和，或悲观厌世，或者性格存在缺陷与周围的人沟通有问题，从而犯罪。他们还会分析是不是罪犯的心理或精神出了毛病。如果罪犯患有精神病，应该将他们与普通的罪犯区别对待。美国曾出过一桩谋杀里根总统的枪杀案，总统差一点儿丢了性命。凶手后来被证明因为单相思，恋上女星茱迪·福斯特，精神出了毛病，所以没有被判刑，住进了精神病医院。

尽管警察和心理学家的分析角度不同，他们有一个共同点：案件对于他们来说都是个案，与其他案件不能混为一谈。如果警察发现作案者是一名年青的男性无业游民，这一线索一般不能用于其他的案件。因为，别的案子很可能是在职人员干的，也可能是女的或年纪大一点的人干的。如果心理学家发现，罪犯的表现似乎有点异常，精神可能有毛病，这一结论不能推而广之，用于其他嫌犯，不能一遇到特别残忍的案件，就下结论说罪犯有精神毛病。

社会学家与警察和心理学家不同，他们超越个案，从总体上来看待这一案件。他们试图理解哪一类的人比其他类的人更容易犯罪，研究发生犯罪杀人的普遍规律。如果说警察和心理学家注重人类行为的特殊性的话，那么社会学家注重的是人类行为的普遍性。

古希腊的大哲家柏拉图、亚里斯多德和中国的孔夫子等许多先贤们曾经研究过社会，并有过不少精辟的论述。但是，这些先贤们所关心的是理想中的社会，不是现实中的社会，他们的论述往往是社会应该是什么样的。例如，孔老夫子提倡"克己复礼"，因为他认为当时的世道每况愈下，恢复周礼是唯一的出路。孔夫子提出了一个理想王国，并且身体力行去争取实现他的理想，很可惜他的号召力有限，听他的人并不多。

社会学家虽然也关心"理想的社会应该是什么样"的问题，但是他们更注重去理解现实社会是如何运行和发展的。社会学是一门采用科学的方法来研究人类社会活动的科学。

社会学是如何分析社会的呢？首先，社会学家分析社会问题时做到"管中窥豹"，从特殊性中看到普遍性。每一个人的思想和行为不可能相同，可是，人不是生活在真空之中，因此社会上的思潮，看不见的社会力量，无时不刻地影响着人们。在个人行为的特殊性和偶然性中，存在着普遍性和必然性。

杀人案是很特殊的案件。如果我们分析近年来媒体曝光率较高的杀人案件，我们可以看到，虽然案情各有不同却有共性：作案者都是男性、年纪都不大、社会地位都不太高（虽然有的是大学生）。这就使得我们推测，男人、年青人、社会地位不高的人，是否比女人、年纪大的人、社会地位高的人，更容易犯谋杀罪。

杀人犯连年作案，不被抓获的现象极为罕见，从个案来看，很难看出有什么规律，但是社会学家仍然能从中找到共同点。例如在美国，黑人比白人更容易成为谋杀的受害者，男子比女子受害的比例也高出不少。

其次，社会学家分析社会问题时做到"见惯为怪"。中国有句俗语，叫做"见怪不怪"，意思是说奇怪的东西见多了，就不觉得奇怪。社会学家与之相反，看到了司空见惯的东西却不放过，从中看到人们所看不到的东西。社会学家在观察和分析社会问题时，能用与众不同的思路获得新的理解。

现代人离婚率居高不下。托尔斯泰曾说过，幸福的家庭都是一样的，不幸的家庭各有各的不幸。夫妻离婚原因很多，如感情转移、经济原因、工作压力、酗酒和吸毒等等原因。这些是司空见惯的事，人们不以为然。可是社会学家却"见惯为怪"提出了问题："为什么近几十年来离婚率大幅度上升？""有没有隐藏的原因没有被发现？"

社会学家发现，伴随着高离婚率的另一个现象是大量的妇女加入了劳动大军。例如在美国，1900年时只有20%的妇女参加工作，而现在参加工作的妇女占了近70%。由于妇女运动、教育的普及、计划生育技术的发展和民众的富裕，妇女有了更多的选择和机会，离婚不再被人认为是不光彩的事情，所以夫妻双方都不愿维持无爱的婚姻，因而离婚率逐步攀升。社会学的分析为人们展示了一种新的解释，向我们说明了社会的变化会导致个人的变化。

第三，社会学家分析问题时做到"景中观花"。社会学家在研究问题时，从背景环境入手，寻找超越个人以外的因素，寻找那些对个人有利的和不利的影响。

社会学家在研究自杀这一问题时，注重社会的因素，而不是仅仅分析个人的原因。有位大社会学家发现，男人、富人、未婚人和清教徒自杀率比女人、结婚了的人、穷人和天主教徒或犹太教徒要高许多。他把这些区别归结为社会融合度，那些自杀率低的人群拥有较强的社会联系，有配偶在身边，有亲朋好友可以倾诉心中的苦衷。他的研究直到100多年后的今天仍然被证明是正确的。

最后社会学家分析问题时能够做到"置身事外"，置身事外并不是对事物漠不关心、冷眼旁观，而是以冷静和超脱的态度去积极地分析事物。社会学家研究的问题比较敏感，但是在社会学界，人们不搞对号入座、不搞人身攻击。

关于吸毒和卖淫的问题，西方的一些社会学家提出毒品和卖淫合法化的建议。他们认为与其对毒品和卖淫屡禁不止、屡战屡败，不如干脆让其合法化，从而阻止黑势力的介入，加强政府对这两个领域的管理。这些专家能够大胆地提出这些建议和看法，是因为在这个领域里，没有人会对他们打棍子和扣帽子。社会学家的置身事外的态度，使得他们能够敢于提出许多在常人眼里不可思议的建议和办法。有些西方国家在社会学家的建议下，采取了许多新政策，为人类解决社会问题指明了方向。

用社会学的角度分析社会现象有许多好处。首先，这一分析方法使我们认识到，世界上存在着许多不同的社会形式。由于地域的限制，我们往往会有局限性，把我们熟悉的社会形式和生活方式认为是唯一正确的，而将其他的社会形式和生活方式看成是另类。如果我们认真地审视历史，仔细地分析当今的世界，我们会发现各种社会形式和生活方式其实都有其存在的道理，都有合理之处。社会学的角度能够帮助我们认识人类社会的多样性，理解生活在不同社会中的人们。

用社会学角度分析事物的第二个好处，是可以使我们懂得当我们生活在一个特定的社会里，我们认为是正确的和理所当然的，有时往往并不是正确的，并不是理所当然的。例如中国改革开放后，出现了不少成功人士。这些成功人士和名人受到人们的敬仰和热捧，人们对他们的成功很是羡慕，认为他们是能人很了不起。可是分析不成功的人士，我们可以看到，许多不成功人士的能力并不差，那么是什么原因使他们未能成功呢？社会学角度的分析使我们的分析能够更加深入。

用社会学角度分析事物的第三个好处，是使我们懂得每个社会有其特有的规律和规则，个人不可能超越社会规律和社会规则。表面上来看我们每个人在许多事情上可以自由地做出决定，其实，社会才是真正的主使。我们每一个人自觉或不自觉地受到社会的控制。社会对我们行为的影响，就像气候影响我们穿衣一样，我们可以选择穿红色的内衣或者黑色的外套，但是季节和气候却决定着我们是穿夏装还是冬服。正像一位美国社会学家所说的，在生活游戏中我们可以决定出什么牌，可是将牌发到我们手里的却是社会。

　　用社会学角度分析事物的第四个好处是，我们能够客观地了解我们所面临的机遇，同时了解来自社会的制约。由于我们能够明白社会的制约，我们对遇到的困难和挫折就能够坦然应对，同时由于我们知晓社会的制约，我们会更加珍惜所面临的机遇，争取在事业上的成功。

　　上面讨论的几点意见是否正确呢？欲知正确答案，且看最后一章分解。

# 社会发展的动力是什么

**背景资料一**：公元前73年爆发了世界古代史上最大的一次奴隶起义，斯巴达克起义。在受到非人待遇忍无可忍的情况下，斯巴达克率领角斗士们揭竿而起，与以罗马大奴隶主为代表的奴隶主阶级进行了殊死的斗争。面对强大的敌人，奴隶们毫不畏惧，最后因寡不敌众起义失败，数千名奴隶被杀死。但是起义的残余队伍仍坚持斗争达十余年之久。斯巴达克奴隶起义为古罗马奴隶社会的灭亡敲响了丧钟。

**背景资料二**：英国的工业革命起源于18世纪英格兰的技术革命，对欧洲各国甚至全世界造成了巨大的影响，为新生的资本主义制度奠定了坚实的物质基础。资本主义在不到100年的时间内，创造的生产力远远超过前几个世纪的总和。

**背景资料三**：1911年中国爆发了辛亥革命，这是中国资产阶级的民主革命。当时的情况是封建体制的清王朝日趋没落，帝国主义侵略步步加深，中国的民族资本主义初步形成。辛亥革命结束了中国长达2000多年的封建制度。

上面列举的三个事件分别发生在奴隶社会、封建社会和资本主义社会。什么是"社会"呢？按照《现代汉语词典》定义，社会指由一定的经济基础和上层建筑构成的整体。另一种解释是，由共同物质条件而联系起来的人群。有位美国的社会学家是这样定义的，社会指的由共同的文化而聚集在某个地区的人群。这种解释与词典的后一种定义差不多。人类的发展经历了漫长的历史，是什么力量推动人类社会前进的呢？社会学家有不同的答案。

第一种观点认为，"科学技术"是社会发展的动力。受达尔文的"进化论"的启发，部分社会学家提出了"社会文化进化论"。该理论考察了社会和其环境的关系，运用生物进化论的道理来解释社会的发展，认为社会像生物一样是逐步变化的。变化的原因是技术发明，技术对于社会的发展极为重要，拥有简单技术的社会只能维持为数不多的人口，拥有高度发达技术的社会可以维持众多的人口，技术信息量决定社会的变化速度。我们可以把人类历史分为五个阶段。

"狩猎和采集社会"是最原始的阶段。处于该阶段的人类由于技术低下，食物明显不足，人类不得不将主要精力放在寻找食物上面。这一时期的社会组织相对简单也比较平等，原始共产主义出现在这一阶段。

"种植和放牧社会"比狩猎和采集社会的技术提高了一些,社会有了剩余。虽然资源比以前丰富了,但是社会的不平等现象开始产生了,奴隶制度出现在这一时期。

"农业社会"开始于大约5000年之前。这一时期的主要特征是人类开始使用畜力进行农业生产,生产力大幅度提高,人口比以前多了,地盘也越来越大。农业社会分工比以前更细,社会更加不平等,封建制度存在于这一时期。

"工业社会"的特点是使用机器,不断深化的劳动分工使得生产力大幅度提高。社会尽管仍然存在着不平等现象,但是比起以前的社会,工业社会的人们享受更多的平等权力。

"信息社会"的特点是人类高度开发和利用信息资源,社会高度依赖以高科技为核心的信息产业。信息社会中产业工人数量大量减少,高科技人员、办公室人员和服务人员大量增加,能源消耗和环境污染得到控制,人们享受更多的平等权力。

第二种观点认为,"阶级斗争"是社会发展的动力。以马克思为代表的"社会冲突派"认为,阶级斗争是推动社会发展的动力。马克思承认科学技术的重要性,把生产力视为社会的经济基础。但是马克思同样重视建筑在经济基础之上的上层建筑对人类的影响,核心观点是社会冲突。

社会冲突指的是,社会不同阶层或阶级之间因争夺有限资源而产生的斗争,主要形式表现在生产方式上。在资本主义社会里,资本家通过剥削工人达到获得利润的目的，资产阶级和无产阶级之间的冲突，是资本主义生产方式无法避免的。

在人类历史上，狩猎和采集社会因为生产力低下，实行原始共产主义，社会冲突较少。种植和放牧社会的奴隶主与奴隶之间，农业社会的封建领主和农奴之间，工业社会的资本家与工人之间的矛盾冲突是相当严重的。

本章开头提到的斯巴达克起义和辛亥革命是暴力革命，导致了罗马的奴隶制度和中国的封建制度的灭亡。马克思认为，技术的发展只是工业革命中的一部分，封建制度是被资产阶级自下而上推翻的，资本主义社会的矛盾和冲突将导致资本主义的最终灭亡。马克思在共产党宣言中提出，"迄今为止的一切人类历史，都是阶级斗争的历史。"阶级斗争在社会的发展史中起到了举足轻重的作用，它是推动社会前进的动力。

第三种观点认为，"理性化"是社会发展的动力，体现了理想主义的色彩。该观点既赞同社会文化进化论的部分观点，也赞同马克思的社会冲突论的部分观点，认为人类社会的区别在于人类的思维方式，人类意识的理性化是推动社会的动力。

人类社会可以分为"传统社会"和"理性社会"两个大阶段。传统社会指的是工业革命前的社会，人们的情感和信念代代相传，因此人们的想法和行为带有传统的痕迹，人们相信目前的社会是正确的，应该长久地持续下去。而现代社会的人们却崇尚理性、崇尚效率、注重成本和效益。由于这一观念的转变，技术发展才导致了工业革命，没有这一观念的转变，仅靠技术发展成就不了工业革命。

古希腊的先贤们发明了不少绝妙的机械,但是当时的人们只是把这些发明看作玩意儿,并没有应用到生产实践中去。古代的中国,这样的例子就更多了,中国人有伟大的四大发明,可惜这些发明并没有被真正用来发展生产。火药被用来作为烟火欣赏,没有用来开矿山,更没有用来作为武器,指南针的发明没有为中国带来繁荣的航海业。郑和七下西洋,拥有庞大的船队,但是却没有给中国带来繁荣的对外贸易。

有些国家也具备了发展工业革命的物质条件,但是由于人们的思想观念,与工业革命失之交臂。西方国家能够首先开始工业革命,与人们的思想方法有很大的关系,卡尔文教主义对资本主义的出现起了重要的作用。受教义的影响,新教徒们勤奋节俭,致力于事业的成功。而佛教、儒教和道教对追求物质上的成功嗤之以鼻,工业革命在这些教徒占统治地位的国家很难实现。

第四种观点认为,"劳动分工"是社会发展的动力。工业革命的发展,使欧洲的许多国家产生了巨大的变化,最大的变化是传统观念的失势。技术水平低的社会固守传统,人们不得超越传统,否则会被认为是大逆不道受到惩罚。这样的思想统一,被叫做"机械结合",机械结合阻碍社会的发展。

伴随传统势力的失势和机械结合的解体,出现了一种新的结合,这就是现代社会常见的"有机结合"。有机结合建筑在专业分工的基础之上,社会的紧密联系是由于劳动分工。人们从事各种不同的专业工作,大家相互依赖,谁也离不开谁。

现代社会的农民离开了别人是无法生活的。尽管农民生产出来的粮食可以自给，但是生活中的其他必需品必须依赖他人。社会是从机械结合由于劳动分工的不断深化，向有机结合过渡，达到现在的现代社会。

概括起来有四种意见：科学技术、阶级斗争、理性化或者劳动分工是社会发展的动力，谁是谁非呢？欲知正确答案，且看最后一章分解。

# 社会学有哪些主要理论

社会学是一门科学，因此有相应的理论。什么叫理论呢？对理论的定义，西方人与中国人有点不同。中国人认为，理论是人们由实践概括出来的关于自然界和社会的知识的有系统的结论。而西方人对理论的定义比中国人更广义些，他们把人们对事物间关系的解释叫做理论。没有经过实践、只是通过推测或推理的解释，在西方人眼里也叫做理论。

美国的犯罪数据表明，黑人、年青人、低收入者不仅容易犯罪，而且也容易成为犯罪的受害者。这是什么原因呢？一种解释是这些人的日常生活规律使他们更有可能成为罪犯的目标。另一种解释是，他们的生活方式使他们更多地暴露在罪犯面前，因而比别人更容易受到伤害。西方人把这两种推断和解释叫做理论。

社会学家对于社会现象会提出许许多多的理论。虽然表面上看起来社会学理论形形色色、五花八门，甚至显得有些杂乱无章，其实是有规律可循的。社会学理论的分类有许多种，这里只讲一种常见划分体系。

第一个大的理论体系叫做"结构功能主义"。结构功能主义认为，社会是一个复杂的系统，这一系统的各个部分通力协作，为社会的稳定做出努力。和谐和稳定是这个理论的核心和关键。

从名称上可以看出，该理论体系有两个部分，首先是社会的结构（如家庭、宗教和社会规范等等），另一个部分是社会的功能（如社会运行所产生的结果和社会的作用）。美国的社会学家继承了前人的成果，进一步发展了结构功能主义理论。在美国的社会学界，结构功能主义理论从上世纪四十年代到六十年代的20多年里，占据了主导地位。

结构功能主义理论存在着问题。该理论忽略阶级、性别、种族等之间的差别，忽略这些差别所产生的紧张的社会关系和社会冲突。由于该理论强调稳定，它忽略社会变革，是一种保守主义的理论。

第二个大的理论体系叫做"社会冲突理论"，认为社会是一个复杂的体系，在该体系中充满着不平等和冲突，这些不平等和冲突导致社会的变革。

该理论的特点是，注重社会的矛盾和冲突。持这一看法的社会学家研究阶级、性别、民族和年龄的差别与社会不平等现象之间的关系，研究社会如何使统治阶级得利，使被统治阶级的利益受到损害。社会冲突理论主要是由马克思提出来的，在上世纪的五十和六十年代活跃于美国的社会学界，对结构功能主义提出了强烈的挑战。

社会冲突理论同样存在着问题。它注重权力斗争，忽视社会的凝聚力和共同价值观，过分强调变革，有失客观性。

虽然两个理论提出了完全对立的观点，但是它们像孪生兄弟一样相互依存，起源于哲学里的"和谐理论"和"冲突理论"的争论。和谐理论认为共同价值观和社会规范是社会的基础，强调社会秩序是建立在人与人之间的默契之上的。社会的变革是缓慢而有序的。而冲突理论则强调社会中的一部分人统治另一部分人，社会秩序是建立在统治阶级的控制和主使之上的，社会如果有变革，必定是剧烈而又无序的。被统治阶级推翻统治阶级的斗争肯定不会是温文尔雅的。

两个理论的争论可以追溯到古希腊的柏拉图和亚里斯多德，前者是和谐派，后者是冲突派。在哲学界和谐与冲突两大阵营争论得不可开交，可以说社会学中结构功能理论与冲突理论的争论是哲学界争论的延续。

这两个理论有一个共同的缺点，作为社会中的主角（人）在两个理论中的角色和作用很有限，都是很被动和很不重要的。人在两个理论的框架中，受到文化和社会力量的制约，这是因为两个理论都是站在宏观的角度去分析社会的。

第三个理论体系叫做"符号互动理论"。这是一个从微观的角度来分析社会的理论。宏观和微观的区别在哪里呢？美国的一位社会学家举了一个例子说明这个问题。当我们从低飞的飞机窗口向下观察一个城市时，我们可以看到城市里一条条的街道，一片片的住宅区和工业区。我们可以看到小得像昆虫一样的在街道上行驶的车辆。我们可以大致看出哪一片住宅区风景秀丽是富人区，哪一片住宅区破旧不堪是穷人区。但是这种观察与身临其境，到某一条街上走一走，到穷人区去体验一下生活是不同的。前者类似宏观研究，而后者类似微观分析。

符号互动理论认为，人们在生活中存在着大量的互动，这是构成社会的基础。人们靠什么互动呢，靠的是大家对符号和意义的共识。举一个例子来说明这个问题，一位警察在马路上巡逻，他的出现会产生两种反映：对遵纪守法的百姓来说，警察的出现给人一个安全感；对于犯罪分子来说，警察的出现却是一个威胁。在这个例子中，符号是警察的出现，互动是各种人对警察的出现所表现出来的反应。坚持该理论的社会学家强调人在观察社会时带有主观性，如在上面的例子中，警察的出现可以有不同的理解，带有很大的主观性。

符号互动理论存在的问题是，忽略了大环境的作用，强调微观层次上的互动，必然在社会结构对于人的影响方面考虑不足。

上面提到的三个理论系统，各有各的优点，也各有各的缺点。除此以外，还有一些社会学理论，如"社会现象学"、"常人方法论"、"交换理论"、"行为社会学"、"现代女权主义理论"、"系统理论"、"网络理论"和"宏观微观结合理论"等等。这里就不详细介绍了。

这么多的理论，谁是谁非呢？欲知正确答案，且看最后一章分解。

# 社会学有哪些重要的理论家

社会学从100多年前成为一门独立的学科到现在，出现了许多重要的社会学家。我们在这里谈几位最重要的理论家。不过必须声明，本章中选择的几位社会学家肯定很重要，但是未提及的社会学家并非不重要，只是由于篇幅的原因，不能一一介绍。我们按年龄顺序依次介绍几位重量级的社会学家。

奥古斯特·孔德（1798-1857）是一位法国的哲学家和社会思想家，由于没有获得过大学的学位，仕途受到影响，只能在大学里任一个并不重要的教职。孔德对早期的社会学起了不可估量的作用，虽然对现代社会学的影响大不如以前。

孔德第一个提出"社会学"一词，被称为"社会学之父"。他第一个提出用科学的方法进行社会学研究，即"实证研究法"。他认为，我们必须通过直接的或者间接的感觉认识事物，超越经验或者无法观察到的知识，不是真的知识。"实践是检验真理的唯一标准"的说法其实并不是什么新发明，孔德老人家早在100多年前就有过这样的说法。

孔德提出了社会和思想发展的"三阶段法则"，认为社会发展经历了"神学阶段"，"玄学阶段"和"实证阶段"。神学指的是以信仰和鬼神来解释自然界的变化。玄学（也叫做"形而上学"）指的是通过理性的推理和逻辑去研究不能直接通过感知所观察到的知识。实证阶段是科学的阶段，指的是运用观察、分类以及分类性的资料，探求事物彼此间的关系。孔德认为这一方法获得的结果才是正确可信的。

卡尔·马克思（1818-1883）是德国的哲学家和思想家，社会学的三大奠基人之一。虽然中国人对马克思很熟悉，但是他在西方社会学中的地位和影响，一般的中国人未必知道。说来也怪，马克思并不是一位社会学家，他从来没有认为自己是位社会学家。可是在西方的社会学里，马克思的理论占有很重要的地位，许多著作是西方社会学学生的必读书。马克思的理论涉及的面太广，不能用社会学来冠名，但是他的理论却包含了社会学。

马克思认为，人类具有生产能力，因而可以在自然界中生存，但是这一生产能力却受到阻碍，在资本主义社会中,这一阻碍和破坏尤为明显。资本主义造成了"异化"，导致人与人之间和人与生产出来的产品之间的分离，工人失去了对自己工作的控制，从而失去对生活及自我的控制。

马克思的理论属于冲突派阵营，认为社会是由一个阶级统治另一阶级而维持的，要使社会变革，只有通过被统治阶级推翻统治阶级,这一变革是强烈的和剧烈的。

马克思认为，资本主义本身存在的矛盾将导致其灭亡，但是这一灭亡不会自己到来，必须通过革命。

赫伯特·斯宾塞（1820-1903）是英国的哲学家，所受的教育是理工科方面，并不在艺术和人文方面。他没有获得大学学位，也没有谋得大学的教职，成为世界闻名的哲学家完全靠自学成才。他干了近10年的土木工程师，写书时得了失眠症，精神和身体健康出现了问题。奇怪的是，他的精神健康问题越大，出的书越多。他的名气不仅在英国，而且在世界上很快传扬。在他身上还有一个奇怪的亮点：他从来不读人家的书，这一点与孔德相似。他们自有一套说法，叫做"大脑卫生"。当有人问他，他的想法是从哪里来的时，他回答说，他的想法是自然而然地在他的脑子里出现的。

斯宾塞提出一套学说把"适者生存"的进化理论应用在社会学中，被称为"社会达尔文主义之父"。他认为，世界会越变越好，无需人类去干涉，与老子的"无为而治"的观点颇为相像。他相信"适者生存"，认为社会会做自然选择，优胜劣汰。

爱米尔·杜尔凯姆（1858-1917，也译为涂尔干）是法国社会学家和人类学家，是社会学三大奠基人之一。杜尔凯姆关注社会秩序，不赞成马克思的通过革命改变社会的观点，认为只有通过温和渐进的改革来改变社会。他的观点为后来的结构功能主义奠定了基础。

杜尔凯姆对社会学最重要的贡献之一是，他在法国（也可以说在欧洲）建立了第一个社会学系，从此使社会学成为一门独立的学科。他还提出了社会学的主要任务是研究社会现象。在研究自杀问题时，杜尔凯姆发现，尽管因人而异，但是社会的本质和社会的变化导致了人群中不同的自杀率。他似乎对非物质的社会现象更感兴趣，认为宗教是一种非物质的社会现象。他的研究著作中，宗教是一个重要话题。

他在研究社会分工时提出，社会的"机械结合"与"有机结合"的观点。在低级的机械结合的社会里，人与人之间很相似，社会的结合是基于大家的共性和相似性。有机结合的社会是更为专业化的社会，众多的个人被结合在一起，是由于不同的个人之间和社会阶层之间的相互依赖性。这一相互依赖性，是由于社会的高度分工而造成的，大家互相依赖，缺了谁都不行。

马克斯·韦伯（1864-1920）是德国的经济学家和社会学家，与马克思和杜尔凯姆并称社会学三大奠基人。韦伯出生在一个充满矛盾的家庭，父亲是一位小官僚，后成为一位重要的官员，是个尽情享乐之人。他的母亲是位虔诚的卡尔文教徒，生活简朴与他的父亲成为鲜明的对照。正是由于这一差别，韦伯受到很大的影响，前半生与父亲相似，后半生又变得像他的母亲。由于父子间激烈的争吵，老韦伯一命呜呼。小韦伯此后精神出了毛病，既不能睡觉也不能工作，使得他的事业中断了数年。幸运的是，韦伯后来总算重新站起来，成为丰产的社会学家。

由于母亲的影响，韦伯对宗教作了大量的研究，尽管他自己并不信教。通过对宗教的研究，韦伯发现新教强调苦行、勤奋和节俭，非常适合早期的资本主义生产形式。新教认为，世俗的成功，例如拥有大量的财富、拥有成功的企业、在社会上拥有较高的地位，是上帝救赎他们的某种征兆。新教徒们远离世俗的寻欢作乐、比较节约、注意投资、不虚度光阴。这些作法对于促进早期的资本主义发展，无疑起到了促进作用，造就了许多成功的企业家和商人

韦伯还对世界各地的官僚制度进行了研究，提出三种权威形式。第一种权威叫做传统型权威。这类权威所享受的权力，主要来自世袭。第二种权威是魅力型权威，依靠个人的魅力，获得人们的赞同和服从。第三种权威是法理型权威，建立在法律规则之上，听命者遵从的并非是发令者个人的威望，而是一整套法律规定的系统。听命者是看其位而不是看其人，一个人在职位上，他就有权发号施令，一旦离开了职位，他就无权发号施令。韦伯对理性化的论述非常重要，这是他研究的另一个重点。

塔尔科特·帕森斯（1902-1979）是美国著名的社会学家。在上世纪的五十至六十年代，帕森斯是美国社会学理论的重要思想家，颇负盛名的结构功能论的代表人物。帕森斯在美国大学毕业后去了英国，获得硕士学位又去了德国，到了韦伯曾待过的大学。他深受韦伯的影响，博士论文与韦伯的研究有关。

获得博士后，他到了美国的哈佛大学，在哈佛待了整整50年。开始时，他在哈佛任讲师，搞了近10年连个终身教授也没有混上。后来他靠一本书成名，声望逐步攀升，成为系主任，又成为全美社会学协会主席。他自成体系的社会学理论，使他成为美国社会学界的领军人物。上世纪六十年代后期，他的结构功能主义理论受

到激进的社会学家的挑战。尽管如此，他的理论不仅影响了保守派，也影响了激进的新马克思主义派。

帕森斯提出了行动理论，认为行动是社会学分析的基本单位，包含以下四个要素，行动参与者，行动的目的，行动的背景和行动的规范。行动的背景包含行动的条件与手段，行动的规范包括人们的思想、观念和行为取向等。

帕森斯认为，社会系统和行动系统有基本的功能要求，他提出了有名的 AGIL 模式来概括这些功能的要求，即"适应"、"达到目标"、"整合"和"维持方式"四个方面。这就是说，首先，一个系统为了能够生存下去，必须不断地调整自己，以便适合周边的环境。其次，为了达到目的，系统必须有能力确定自己的目标主次，调动系统内的能量，集中实现目标。再者，为了有效地发挥功能，系统必须使各个部分协调一致。最后，如果系统出现暂时中断，原有的运行方式必须完整地保存下来，以便系统重新开始运行时能够照常恢复运行。

以上介绍了六位社会学的重量级人物，尽管他们的观点并不相同，有时甚至相互对立，有些理论随着时代的变化，影响力逐渐减弱，但是他们为社会学做出的贡献，是不会被历史忘记的。他们的理论各有各的道理，谁是谁非呢？欲知正确答案，且看最后一章分解。

# 社会学家是如何搞研究的

背景资料一：1648年，帕斯卡认为"托里切利真空管"①中的水银是由空气的重量托住的，在海平面水银的高度是30英寸，如果在海拔高的地方，水银的高度应该下降，因为那里的空气稀薄。为了证实他的推理，他请人做了试验。试验是在一座海拔4,800英尺的山上进行的。试验者在山脚下（海拔1,800英尺）测了两个托里切利真空管，水银高度都是28.04英寸。他们留一人继续观察一个真空管，其他人带另一个真空管上山。在山顶上，他们测了真空管，如帕斯卡所预料的那样，水银高度下降了，是24.71英寸。他们又在同一高度的多个地方测量，结果一致。下山时，他们在半山腰测了一下，

---

① 托里切利在一根長管子內加滿水銀，然後迅速地把管口倒轉在一個盛滿水銀的盆內，管子內水銀柱的末端是30英寸(76厘米)高。這時玻璃管最上方無水銀地帶是真空狀態。這一實驗稱為"托里切利實驗"，實驗的玻璃管稱為"托里切利真空管"。

水银高度是 26.65 英寸。正好在山下和山顶的水银高度之间。回到山下后，水银高度又回到 28.04 英寸。那位留在山脚下的人报告说，他监视的真空管水银高度没有发生过任何变化。帕斯卡根据以上的结果，确有把握地做出结论，并算出水银高低与海拔高度之间的关系。

背景资料二：玛格丽特·米德是美国的一位人类学家，是美国现代人类学成形过程中，最重要的学者之一。米德对南太平洋的萨摩亚群岛进行了研究。她发现，一个人的成长不仅仅是生理的变化过程，更是一个文化熏陶的过程。当时占统治地位的观点认为，人的成长主要是生理变化。这一观点导致社会达尔文主义，人被分为优等人和劣等人。希特勒极力鼓吹雅利安人种优秀，正是利用了社会达尔文主义的观点。米德的发现对这样的观点是一个强有力的挑战，她认为，环境比生理对人的成长影响更大。然而另一位研究者也在萨摩亚群岛进行研究，得出了完全相反的结论。

社会学是一门科学，作为一门科学，社会学需要做科学研究。社会学家是如何搞科研的呢？进行社会学研究，首先需要解决以下几个问题。

第一个问题是常识和科学证据之间的关系。我们用两个例子来说明这一关系。我们生活在地球上，每天看到太阳从东边升起，向西边落下去，似乎是太阳围绕着地球旋转。多少年来，人们一直以为这是事实，直到一位叫做哥白尼的波兰天文学家告诉大家，这不是事实，地球是绕着太阳转的。

我们坐在火车上，会感到景和物向后退去，而感觉不到火车向前行驶，我们所观察到的现象与事实相反。这两个例子说明常识并不一定科学，我们日常观察到的现象和我们以为是理所当然的事实，有时会有很大的欺骗性。

许多情况下，我们以为是板上钉钉的事实，其实并不正确。我们生活在世界里，到处都是司空见惯的常识，专家的意见，亲朋好友的看法，我们会不假思索地全盘接受。社会学家却从我们以为是正确的事情入手，采用科学的方法分析事物，得出科学的论断。

另一种情况是，人们会把个别特例看作为普遍现象。社会学家发现，总的来说个人的收入与受教育的程度成正比，读的书越多，挣的钱也越多。但是我们常常会听到有人反驳说，"那不一定，我的邻居只念了小学，现在每月挣好几万，比我读博士的儿子挣得多多了。"那位只有小学文化程度的邻居挣得很多是一个事实，但只是一个特例，并没有普遍性。社会学的研究带有普遍性的现象，着重发掘具有普遍意义的科学证据。

第二个问题是客观性的问题。中国有句俗话，叫做"众口难调"，厨师在食堂里烧了一个菜，很难指望人人都说好。如果厨师是位川菜名家，那些不吃辣的人不会喜欢。人们对菜肴口味的不同喜好是正常的，没有对错之分，没有必要强求统一。人们有不同的爱好，造就了更多的机会，让各派风味的厨师大展身手，否则地球上几十亿人，只喜欢吃一种口味的菜，生活就太单调了。

然而，如果在科研中掺杂进个人好恶，事情就麻烦了。同样一件事情，不同的人去分析，人人把自己的主观意见掺合进来，得出不同的结论，我们会无所适从，不知该相信谁。这就涉及客观性的问题。客观性指的是，在研究过程中，研究人员的个人态度保持中立。但是在实际生活中，真正做到中立是不可能的，因此必须从两个方面入手。

首先，从研究的设计上着手。即使研究人员有潜意识的偏好，但是研究课题的设计，必须能够防止个人的观点过多地影响研究的结果。其次，从科研人员本身着手，无论研究出来的结果是希望的，还是不希望的，研究者都必须坦然地接受，而不能加以人为的"改造"。

防止研究人员掺入个人好恶的方法之一，是使研究有可重复性。所谓的可重复性，指的是别人按照你的方法，可以重复出相同的结果来。韩国首尔大学教授黄禹锡在美国《科学》杂志上发表了他所领导的干细胞研究成果，人家用相同的方法，无法得出相同的结果。原来他的论文中使用了造假的数据，他的所谓研究成果无法得到认证。在自然科学界，科研成果的认证要比社会科学的认证容易些。在社会科学界，问题复杂得多。对于背景资料二中讲的例子，人们很难确定，到底是哪位研究者不够客观。

第三个问题是因果关系的问题，是我们日常生活中几乎每天都会遇到的问题。甲导致乙发生，我们可以说，甲是"因"，乙是"果"。我们用力推动一个小球，球滚动起来，用力是"因"，球的滚动是"果"。

这里举两个例子来说明这个问题。有人发现，城市里教堂的数量越多，该市的谋杀率越高。人们不禁要问，是教堂引起谋杀呢，还是因为谋杀多，导致人们增设教堂？有数据显示，冷饮销售量增加，河里游泳被淹死的人数会上扬。这一现象是否说明，冷饮会导致溺水呢？

上面的两个例子很容易让人得出不正确的结论，教堂的数量没有理由与谋杀率扯上关系。如果我们看一看城市的人口，就可以发现，城市越大，人口越多，教堂的数量也越多，相应地谋杀率也越高，（大城市犯罪率比小城市要高一些），所以真正的原因是城市的人口。冷饮销量与溺水人数同时上升，是气温惹的祸。天气热了，人们吃冷饮的多了，下水游泳的人也多了，所以溺水的人多起来，真正的原因是气温上升。

人们还发现，大雪天中越野车（SUV）比其他汽车出车祸多，因此有人质疑越野车的设计问题。这一情况让人疑惑不解。为什么恶劣天气时，越野车出车祸特别多呢？越野车设计的特点之一，是应付路况差的情况，怎么反而不如其他车种呢？原来，人们知道其他汽车在恶劣气候条件不宜驾驶，所以尽量避免出门，可是越野车的车主，往往自恃汽车性能良好，敢于冒着恶劣的天气出门，因此导致越野车在恶劣天气时出车祸的特别多。越野车的车祸多，正是由于它的越野性能好，人们信任它。

如何分析事物间的联系，正确判断因果关系，是科研的一个重要任务。社会学家用什么办法来判断因果关系呢？背景资料一中讲的情况很能说明问题。假如试验者只带一支真空管去测，会有什么结果呢？他们到达山下，水银高度测得28.04英寸，到了山上，他们测得水银高度为26.65英寸。他们能否下结论说，水银的高度是海拔气压的差异造成的呢？不一定。要是在他们上山的时候，由于某种原因，整个地区的气压发生变化，也会导致水银高度下降，他们无法排除这一可能性。

聪明的试验者想出了个办法，来排除这一可能性，这就是他们留在山下的那支真空管，起着监视大气变化的作用。从这支真空管的记录，我们可以确有把握地说，整个地区的气压没有发生任何变化，所以在山上测到的水银高度，确实是海拔气压的差异造成的。那支在山下的真空管，在研究方法论里面有专门的名称，叫做"对照组"。有了这一参照，我们就可以确有把握地将另一支真空管发生的变化，归咎于海拔的气压差。

美国的犯罪学家发现，黑人、年轻人、收入低的人，更容易成为犯罪受害人。这是为什么呢？有人提出可能与这些人的生活习惯、日常活动有关系。果然，当我们把黑人、年轻人和收入低的人分为"常在夜里出没夜生活场所"和"夜里从不出门"两个组时，发现前一组的人成为犯罪受害者的人比后一组的人多一些。这就部分地解释了我们所观察到的现象，原来他们成为受害者，是他们的生活习惯造成的。采用对照组的目的是排除外界的干扰和影响，使我们的研究结果免受不明原因的影响，从而使我们的结论更加可靠。

第四个问题是社会测量的问题。我们每天与测量打交道，例如我们到超市买菜，会涉及重量问题；到商场里买布，会牵涉长度问题；到加油站加油，会遇到容量问题。社会学研究中，有些东西测量起来并不困难，如人的年龄、受教育的年数和薪水等。但是，抽象性的东西，测量起来就比较困难，如满意程度、人的智力、对某件事物的态度。为了测量抽象性的东西，社会学家花费了很多精力，想了很多办法。

我们用一个例子来说明问题。假如我们需要测量一座摩天大楼的高度，最理想的办法是从楼顶上放下皮尺，直接丈量它的高度。可是因为大楼太高，这样做有困难。怎么办呢？我们可以采用间接测量的办法，譬如先量它的影子，通过计算一个已知高度的物体的影子，推算出大楼的高度。我们也可以在大楼不远的地方设一个点，量出到大楼顶点的角度，再通过三角函数公式，算出大楼的高度。测量抽象的东西，采用的是类似的间接测量的方法。

测量首先涉及有效性问题，用通俗一点的话说，是否是想测量的东西。我们需要检查学生四则运算的能力，如果考试中只有加减法，没有乘除法，考试存在有效性的问题，因为考试的内容不全面。出国留学生考托福，目的是考核学生的英语能力。英语能力包括听、说、读、写、译五个方面。刚开始的托福考试只考听力、阅读和语法，所以出现高分低能的现象。有些考生的托福分数很高，真正的英语水平却平平，甚至很不理想，这样的考试存在着有效性问题。近年来，美国的教育考核机构（ETS）进行了改进，增加了写作和口语考试。我们研究人们对生活的满意程度，如果我们只调查人们对经济情况和人际关系的满意度，没有包括其他方面，如业余爱好和身体健康，研究的有效性就有问题。有效性存在问题,如同一名射手,打 10 发子弹,枪枪打偏,全部打到别人的靶心上去了,这样的射手不能算好射手。

其次是可靠性问题。我们举电子血压计为例,如果收缩压是 120 左右,我们在很短的时间内连续测三次,得出的结果是 120,123 和 118,血压计挺可靠。但是,如果我们得到的结果是 120,80,170,我们不敢相信这只血压计,因为三次测量的结果相差太大,有点离谱了。日常生活中发生可靠性问题还好说,要是在奥运会上发生这样的事情就麻烦了。如果投标枪时,丈量的尺不可靠忽长忽短,运动员的成绩会受影响,名次的排列会有争议。可靠性存在问题,如同一位射手打 10 发子弹,弹点遍布整个靶面,有的偏左、有的偏右、有的偏高、有的偏低,这样的射手也不能算好射手。

第五个问题是抽样问题。进行社会学研究常常需要抽样,因为社会学家不可能对所有的人进行走访调查。我们到医院里去验血,我们不会让医生把我们全身的血都抽出来进行化验,这样做既不可能也没有必要。社会学研究中的抽样与抽血是同一个道理。抽血通过少量的血,得知身体的状况,社会学研究中的抽样,通过少量的走访,推断广大民众的情况。

讲得专业一点,抽样是一种推论方法。它是指从总体中抽取一部分个体作为样本,通过观察样本,对总体得出具有一定可靠性的估计和判断。我们对某个城市的部分居民进行了走访,发现受访人的平均收入是 3,000 元,我们可以推断,该城居民的收入与此数字不会相差太大。

调查人员在设计抽样时，必须注意很多问题，最重要的问题是，被抽的样本是否能够代表总体。我们调查居民们的收入，如果我们走访的尽是富人，这样的调查就没有多大意义，因为它不能代表全体居民的实际收入情况。

为了保证样本具有代表性，抽样一般采用简单随机抽样和分层随机抽样的方法。随机表示每个人都有可能被抽到，例如在调查某城居民收入时，城中每位居民应该都有可能被走访。分层是为了保证样本能代表总体的一个措施，一个城市中有好几个区，有的区大一些，有的区小一些，有的区富一些，有的区穷一些，为了保证各个区有他们的代表，我们可以在每个区里按区的大小的比例抽取居民进行调查。总之，只有保证每个人都有可能被抽到，且机会均等，而且抽出来的样本能够准确地代表总体，样本才能发挥预测的作用。

解决以上几个基本问题以后，社会学家面临着采用何种研究方法的问题。归纳起来，有两大类方法，即"定性分析法"和"定量分析法"。这是科研中两种常用的研究方法。定量分析法是对所研究对象的数量特性、数量关系和数量变化进行分析，定性分析法则着眼于理解人类的行为及其原因。

我们举一个例子来说明两者间的区别。向父母汇报数学考试成绩时，孩子甲说，"我这次考得挺好。"孩子乙则说，"我这次考试得了95分。"前者是定性的说法，考得不错，但是具体多少分就免了，反正挺好。后者是定量的说法，100分满分我得了95分，是好是坏，您老自己看吧。

定性和定量研究方法有三个明显的区别。首先在如何看待事物方面，定量分析法认为现实事物是客观存在的，是不以人的意志为转移的，不受主观价值因素的影响。而定性分析法认为，社会现实的本质随着不同的人，在不同的时空，具有不同的意义。研究对象与研究者之间，有着密切的关系，研究者应该成为研究过程中的有机部分。

其次，定量分析法认为人类的认识，必须建立在经验的基础上，所以理论的正确性，必须由经验来验证。定量分析法的目的，是发现普遍规律，对事物做出具有普遍意义的解释和分析。定性分析法则认为，事物是相互独立的，人与人之间是有差异的，所以人的认识不是固定不变的。由于认识是一个不断的变化的过程，所以不存在普遍的意义，定性分析法强调的是事物的特殊性。

最后，定量分析法深受实证主义的影响，强调科学方法的作用，试图把自然科学的方法，运用于社会科学内的一切领域，数学、概率、统计的方法被大量地采用。而定性分析法认为研究的对象，是一个不可分割的整体，必须从整体角度来分析，所以研究者必须参与其中，社会现象是无法用数据、数学和统计的形式来表现的，只能通过描述性、解释性的语言来实现。

目前在美国和西方社会学界，定量分析法占主导地位。根据一份不完全的统计，美国两家最有名的社会学杂志上发表的文章，约有八成左右采用定量分析的方法。下面就来谈谈定量分析法的一些具体方法。

第一个方法是"相关性分析"，研究两个事物之间的联系。例如，社会学家发现受教育程度与收入有一定的联系，受教育程度越高收入越多，叫做"正相关关系"，即一个增长，另一个也相应地增长。在美国，人受教育的程度与被判刑收监的年数成反比，一个人读书的时间越长，被抓去坐牢的年数越少，因为大多数罪犯的文化程度比较低。这样的关系叫做"负相关关系"，即一个增加，另一个减少。

我们再来看下面的例子。

| 甲地 | 男 | 女 | 乙地 | 男 | 女 |
|---|---|---|---|---|---|
| 工人 | 80% | 80% | 工人 | 80% | 95% |
| 干部 | 20% | 20% | 干部 | 20% | 5% |

在甲地，男子和女子都是80%当工人，20%当管理人员，比例相同。我们说甲地男女平等的工作做得比较好。乙地的男子当工人的有80%，而女子当工人占95%，显然，乙地女子当工人比男子更多一些。我们可以说，在乙地性别与职位有显著的相关性。

从甲地的情况演变到乙地的情况，中间有个过渡，女子当工人的比例，从80%的没有相关性逐步增加到95%的有显著的相关性，在哪一点上产生质的变化呢，是85%还是90%？统计学家有专门的工具检验，超过了某一点，我们说男女有区别，低于该点，我们说男女之间的差别可以忽略不计。

第二个方法是"因果分析法"。前面从逻辑上讲了因果关系，社会学家通过数学方法，对因果关系进行量化分析。这一分析法是从自然科学界里引进过来的，例如我们知道：距离=速度*时间。只要我们知道速度和时间，就可以推算出距离。社会学家试图把这样的方法运用到社会学研究中去。例如关于人的收入可以有这样的关系：

收入 = A*受教育年数 + B*年龄 + C*地区因素

等式中的A、B、C是计算出来的系数，系数越大表示该因素的影响越大。假如A=100，收入的单位是人民币元，每多读一年书，收入可以多100元。如果B=20，年龄每增加一岁，收入增加20元。该分析方法可以从两个角度来解释结果：首先，我们可以预测收入与受教育年数、年龄、地区因素之间的关系。如果我们想估计一下我们的收入的平均水平，只要把相应的情况代入公式，就可算出结果来。我们还可以从另一个角度来解释上面的公式。在上面的收入分析中，我们可以得知，如果教育和年龄相同，地区的影响有多大；如果地区和年龄相同，教育有多大的影响；如果教育和地区相同，年龄有多大的影响。此类研究分析法在社会学中非常普遍。

第三个方法是"测不可测"分析方法。在上面的"社会测量"一节里，我们谈到了测量抽象性东西的困难。由于我们无法直接测量它们，我们只能采用间接的办法，有人把这种测量叫做"测不可测"。间接测量的办法是对可以反映抽象概念的东西进行测量。假如我们调查人们对生活的满意程度，我们可以直接问被调查者，"您对生活满意吗？"这样的问法没有错，但是存在不少问题，因为问题问得太笼统，不能精确地反映被访者的真正的满意程度。因此，我们用多个与满意相关的问题，间接地测量人们对生活的满意程度。例如：

一．你对业余爱好满意吗？

二．你对家庭满意吗？

三．你对朋友关系满意吗？
四．你对你的健康满意吗？
五．你对你的经济情况满意吗？
六．你对你的工作满意吗？

这样一来，一个比较抽象的概念，变成了许多个比较具体的问题，测量起来更可靠些。现在的干部考核，职称晋升和竞聘上岗采用按项打分的方法，是从社会科学（如心理学、经济学和社会学）那里引进的。考核干部或评定专业人员的技术水平，不能简单地用"是否合格"一个问题来解决。

社会学家对人们的回答进行分析，从而找到这些回答之间的内在联系，可以进一步分析人们的态度，以及与这些态度有关的情况。这种"测不可测"分析方法在近几十年来由于计算机的普及，得到了很大的发展，很受社会学家的欢迎。

从上面的介绍可以看出，社会学不仅涉及文科，而且涉及理科，有一套完整而又系统的研究方法作为工具。钱钟书的《围城》里讲过，在大学里，理科学生瞧不起文科学生，外国语文系学生瞧不起中国文学系学生，中国文学系学生瞧不起哲学系学生，哲学系学生瞧不起社会学系学生，社会学系学生又瞧不起教育系学生。教育系学生没有谁可以给他们瞧不起了，只能瞧不起本系的先生。在当时，社会学几乎垫底。如果当时的学生能更多地了解社会学，也许就不会如此无知，轻视社会学了。

上面介绍了社会学家采用的研究方法，各有不同，到底哪个方法更好呢？欲知正确答案，且看最后一章分解。

# 答案

如果您没有读完前面的各章，我们劝您还是在读完之后再来阅读这一章。这就像看一部侦探小说，如果在侦探小说还未开始之前，就告诉您最后的结局，您对这部侦探小说的兴趣会大减。当您阅读侦探小说时，您一定会跟随着跌宕起伏、扣人心弦的情节进入意境，我们写这本书，要的也是这样的效果。如果您在阅读本书前面各章节时，能够从中找到您认为的正确答案，再来与最后的答案进行比较，一定很有意思，一定具有挑战性。

请您返回前面的章节，好好欣赏各种社会学理论的争辩吧。如果您看完了前面各章，我们得感谢您，感谢您的耐心。

在阅读前面各章的时候，您关心的问题会是，"哪个理论是正确的？"中国人习惯于对问题有一个标准的答案，从学生时代开始，就养成了这一习惯。学生们死记硬背书本和老师给出的答案，为的是在考试中获得高分。这一训练方式，使得许多中国人养成了凡事总是寻求统一意见的习惯。在长期的封建统治中，中国的统治阶级为了奴化人们的思想，罢黜百家只准一种观点、只准一个声音。这一情况无疑对中国人的思想方法产生了深远的、极为有害的影响。

社会学的理论与自然科学的理论是不同的。在自然科学界，新理论的出现意味着旧理论的退场，退了场的和过了时的理论，只有研究历史的专家才会感兴趣。例如对待已经淘汰的计算机，对于286，386，486计算机（不知人们是否还记得这些名称），科技古董收藏家可能会感兴趣，但是在现时的日常生活中，我们肯定不会再依靠这些老古董来上网、听音乐、看电视剧和发电邮。当年非常时髦的砖块式"大哥大"（像砖块一样大小的手机），现在再也没有人会带在身上。自从宇宙学家发现了"大爆炸理论"以后，时间再也不是无限的了，宇宙的起始点是大爆炸发生之时。这一理论彻底推翻了我们以前所受的教育。

但是在社会科学里，旧理论是不会死亡的，被人忽略一阵子以后，会以奇特的方式，重新引起人们的注意。在十八世纪，"功利论"对犯罪学产生过重大的影响，作为一种道德理论，主张人的行为道德与否，看行为的结果，凡行为结果给行为者及其相关的人带来好处，或带来利大于弊的行为，则是道德的。该理论认为，刑罚的目的是为了阻止犯罪人再次危害社会，并制止其他人犯罪，打击犯罪应当是为了预防，而不是为了报复，只有准确和及时的刑罚才能起到预防作用。该理论主张刑罚的轻重应与罪行对社会的损害程度相适应，刑罚越接近必要限度就越正义。该理论还主张废除死刑。功利论在十九世纪和二十世纪初期销声匿迹了。然而到了二十世纪中期，功利论神奇般地又被激活了，目前活跃在经济学界的"犯罪本利分析"和犯罪学界的"刑法威慑力分析"，正是源于功利论。西方有些国家死刑的废除与功利理论是分不开的。

长期以来，大多数的社会学理论基于和谐理论（也叫作共识理论），是古希腊的哲学家柏拉图的观点。和谐理论认为，一个社会的秩序和稳定是建立在人们对共同道德的准则和价值观之上的。而柏拉图的学生亚里斯多德却认为，社会中的一部分人统治另一部分人，社会秩序是建立在统治阶级的控制和主使之上的。到了十九世纪，亚里斯多德的观点在马克思等人的努力下，形成冲突理论走到了前台取代了和谐理论。后来到了二十世纪的四十年代，以和谐理论为基础的结构功能主义又占了上风，一度在西方成为主流。此后和谐理论和冲突理论互不相让、不分伯仲，直至今日争论仍无结果。

在社会科学的科研中，要证明一个理论是否正确是一件比较困难的事。如果研究的结果显示与理论相悖，并不一定能证明该理论是错误的，因为很难说研究本身是否存在缺陷。

研究人类的行为与研究自然科学里的物质有很大的不同，这是因为我们很难操控外界的社会环境。在自然科学的研究中，我们可以比较自由地选择实验条件，如在物理实验室里，可以调节和控制温度和压力，观察在不同条件下，某个材料的受力变化。可是我们却很难对社会环境进行人为的调节和控制，以便观察人在不同的社会条件下的反应。

社会学家在测量抽象性东西的时候，通过间接测量的办法，但测量的结果是否可靠、是否精确就很难说了。测量人的智力、满意程度和幸福感，很难做到既精确又准确无误。

在社会学研究中，被调查和被研究的对象是人而不是物，不可避免地带有非客观的因素，有些非客观因素不是有意造成的。美国和西欧国家对犯罪受害者的调查，有这样的问题："您在过去的十八个月里受到过犯罪伤害吗？"如果被调查人的记忆力不好，忘记了，研究结果的准确性肯定要大打折扣。对于一些受伤害较小的犯罪事件，受害人很容易忘记，记不起来了。例如，被偷了几十美元这样的小事，受害者很可能记不清了。西方国家官方正式公布的犯罪率更加不准确，许多犯罪受害人由于各种原因，如怕麻烦、怕丢面子，干脆自认倒霉、隐而不报。

所以无论研究的结果对理论有利或者不利，都很难证明理论的正确与否。社会学理论的时隐时现，"你方唱罢我登场"的情景，不是取决于理论是否正确，而是取决于研究人员对这一理论的兴趣和理论的用处。在社会学界，多种理论同时登台、互相竞争、互相批判、互相指责是常有的事。你说我的研究存在严重缺陷，我说他的研究有严重的偏向，他说你的研究出于某种政治动机。

不过，尽管看起来热闹非凡，其实各种不同的理论很可能像"盲人摸象"寓言里的几个盲人，仅仅触及社会的某个部分而不是整体。

无论哪种理论，没有一个理论是完美无缺的，因此总会受到批评和指责。各种理论和各种派别，在相互批评和相互指责中，不断地发展，使得人们对社会的认识不断地提高和加深。这有点像中国春秋时代诸子百家的情景，中国的古代哲学包括了儒家、道家、佛家、阴阳家、法家、名家、墨家、纵横家、杂家、农家和小说家以及其他形形色色的学派。它们没有对错之分，我们很难说哪个学派是正确的，哪个学派是错误的。封建统治阶级出于维护政权的需要，罢黜了百家独尊儒术，使得中国的哲学进入了黑暗时代。幸运的是，社会学里没有独尊某个理论的现象，社会学的理论百家争鸣、百花齐放，成就了社会学的繁荣。

　　谈到这儿，您也许会问，"这么多社会学的理论有什么用呢？"您会说，理论必须与实践相结合，我们所受的教育历来强调这一点。理论与实践相结合有两层意思。首先，理论必须得到实践的验证，我们曾经有过非常流行的说法，叫做"实践是检验真理的唯一标准"。按照这一标准来衡量社会学的理论，许多理论是通不过实践检验这一关的，然而这不能说明它们一无是处。

　　按照"实践是检验真理的标准"的要求，爱恩斯坦的相对论当年是不应该被接受的，因为爱恩斯坦在1905年提出相对论时，没有办法证实他的理论。在被证实之前，我们该如何看待相对论呢？

　　有些理论是无法用实践检验的。例如中国著名的数学家陈景润倾其毕生的精力，研究哥德巴赫数学猜想，即"任何一个偶数均可表示两个素数之和"（简称："1＋1"）。这一研究是充其量不过是"纸上谈兵"，我们不可能把自然界中所有的偶数一一列出，然后为每个偶数找到两个素数。

理论与实践相结合的另一层含义是理论得有用处。如果一个社会学的理论为制定政策起了作用，我们会说，研究该理论还有点价值，如果没有起到任何作用，那么该理论就没有多大的意思。

这样的观点是短视的。当法拉第研究电磁的时候，谁也没有想到它会有多大的用处。当一位贵妇人问法拉第"电磁有什么用"时，他的回答竟然是"无可奉告"，因为他确实不知道。法拉第研究电磁纯粹出于兴趣，但是我们现在的生活离不开电磁一步。当爱迪生发明电视时，没有人看好他的破玩意儿。由于经费紧缺，爱迪生只好在商场里给人做展示。可是多少年后，电视成了人们生活中不可缺少的内容之一。

法拉第和爱迪生算幸运的，他们的研究成果经过数十年后能让世人感受到，有的科研却会在很长时间里见不到任何实际意义。例如数学界有许多难题和猜想，研究出来了之后，不知道今后会有什么用，前面讲到的哥德巴赫数学猜想就是一例。我们是否可以因为目前我们还看不到它们的用处就拒绝接受呢？

美国的大学里有许多学者，两耳不问窗外事，搞研究到了走火入魔的地步。他们出于兴趣，热衷于他们的研究课题。美国的发达，正是依靠着这一批书呆子，雄厚的基础科学是这个国家的后劲儿所在。当我们搞科研时，如果总是想着会有实际效益，被功利主义所左右，科研是不会沿着正确方向发展的。

也许您会觉得有些社会学理论看起来荒谬可笑，没有多少意义。例如，我们前面提到的犯罪学中的标签理论，人是否犯罪怎么成了某些人手中的标签，想贴上就贴上，想揭下就揭下呢？更可笑的，有的社会学家还认为越轨行为不但不危害社会，反而对社会的稳定起到积极的作用。

这一情景不禁使人想起"搞笑诺贝尔奖"。该奖项是对诺贝尔奖的有趣模仿，评委中有些是真正的诺贝尔奖得主，其目的是选出那些"乍看之下令人发笑，之后发人深省"的研究。荷兰科学家安德烈·盖姆是位诺贝尔奖和"搞笑诺贝尔奖"的双料得主，所谓的荒谬课题并不一定真的荒谬可笑。当我们看到一个貌似简单或荒谬的课题、结论或理论时，暂时不要乱发高见，等到真正弄懂之后，再批判和否定也不迟。

科学的发展，有时正是在那些可笑和荒谬中进行的。

# 结束语

　　本书会给人一种意犹未尽、戛然而止的感觉。这是因为，社会学是一个包罗万象的学科，涉及的内容非常广泛，不可能在一本不到 13 万字的书里讲述清楚。

　　如果一本书能给读者留下更多的空间、更多的疑问和更多的猜想，未必不是一本好书。我们写这本书的另一个目的，是期望引起读者对社会学的兴趣。如果通过阅读本书，您对书中提到的社会问题及有关的社会学理论有了一些兴趣，希望能更多地了解社会学，能进一步做一些研究，那么我们的目的达到了。

　　我们希望有更多的人能够学会理性地分析和理解目前我们所面临的各种社会问题，积极地寻找解决问题的出路，为我们和我们的后代创造一个更美好的社会而努力。

www.ingramcontent.com/pod-product-compliance
Lightning Source LLC
LaVergne TN
LVHW010315070526
838199LV00065B/5565